REZEPTE

fürs Wochenende

Die leckersten Gerichte
für jede Jahreszeit

EINFACH HAUSGEMACHT

Liebe Leserinnen und Leser!

Die Neuauflage unseres Buchklassikers „Rezepte für Zwei" war kaum im Handel, da erreichten uns schon die ersten Anfragen: „Und was ist mit eurem ‚Rezepte fürs Wochenende'-Buch?" Immerhin war auch diese Rezeptsammlung längst vergriffen.

Das ändert sich hiermit! Ihr Begleiter und Wegbereiter für ein Wochenende voller Genuss ist jetzt endlich wieder da! Ob frische Salate, klassische Braten, ausgefallene Torten, Nachtisch oder raffinierte Getränke: Wir sind für diese Neuauflage wieder tief in unser Rezeptarchiv eingetaucht, haben Neues ausprobiert und zugleich Seite für Seite liebevoll überarbeitet. 24 neue, von uns besonders geliebte Rezepte haben wir dabei gleich mit hinzugefügt – als leckeres Extra für Sie!

Probieren Sie doch zum Beispiel einfach einmal unsere Bärlauch-Galette mit Spinatsalat, den Spargel mit Tomaten-Vanille-Nuss-Topping, das Kräuterhähnchen oder die wunderbare Holunder-Apfel-Torte mit Ingwer.

Mit unseren Rezepten fürs Wochenende möchten wir Ihnen weitere besondere, hausgemachte Ideen für jede Jahreszeit bieten – Schritt für Schritt, mit vielen Fotos und noch mehr guten Tipps!

Wir wünschen Ihnen viel Spaß damit – und guten Appetit!

Ihre Einfach Hausgemacht-Redaktion

Inhalt

Frühling

Wir backen immer bei Ober-/Unterhitze, wenn nichts anderes angegeben ist.

Frühling

Der Frühling ist die Zeit, in der man sich auf alles freut,
was leicht und frisch ist. Darum finden Sie hier viele knackige Salate
und Gerichte, in denen Frühlingskräuter eine Hauptrolle spielen.
Aber süße Köstlichkeiten mit Erdbeeren und Rhabarber
dürfen natürlich auch nicht fehlen.

Frühlingssalat mit Portulak

Für 4 Personen | raffinert

Salat:
50 g Portulak
100 g junge Salatblättchen, z. B. Wildkräuter, Pflücksalat, Spinat
2 Äpfel
1 Bund Radieschen
1 EL Sonnenblumenkerne
1 Handvoll Radieschensprossen

Dressing:
1 Zwiebel
3 EL Himbeeressig
1 TL Senf
1 TL Honig
Salz
frisch gemahlener Pfeffer
4 EL kalt gepresstes Rapsöl

Für den Salat die Blattsalate putzen, waschen und trockenschleudern. Die Äpfel waschen, vierteln und entkernen, anschließend in Scheiben schneiden. Die Radieschen putzen, waschen und ebenfalls in Scheiben schneiden. Die Sonnenblumenkerne in einer Pfanne ohne Fett anrösten, abkühlen lassen.

Für das Dressing die Zwiebel schälen und fein würfeln. Mit Essig, Senf, Honig, etwas Salz und Pfeffer in ein schmales hohes Gefäß geben und pürieren. Das Rapsöl in dünnem Strahl zulaufen lassen und weiterpürieren, bis eine sämige Soße entstanden ist. Direkt vor dem Anrichten mit den Salatzutaten vermengen. Mit Radieschensprossen und Sonnenblumenkernen bestreut servieren.

TIPP Sauerampfer und Bärlauch gehören zu den Kräutern, die ursprünglich nur in der Natur zu finden waren, inzwischen aber auch von auf Kräuterzucht spezialisierten Gärtnereien angeboten werden. Schauen Sie sich im Frühling auch auf Ihrem Wochenmarkt danach um.

Blattsalat
mit Kräuterdressing

Für 4 Personen | fix fertig

Salat:
1 Kopf Blattsalat, z. B. Kopfsalat oder Lollo Rosso

Dressing:
1 Bund gemischte Frühlingskräuter, z. B. Sauerampfer, Schnittlauch, Kerbel, Basilikum, Löwenzahn
60 ml Gemüsebrühe
2 EL Weißweinessig
2 EL kalt gepresstes Pflanzenöl
Salz
frisch gemahlener Pfeffer
Zucker

Für das Dressing die Frühlingskräuter putzen, waschen, trockenschütteln und klein hacken. Mit der Gemüsebrühe verrühren. Den Essig einrühren, dann das Öl ganz langsam unterrühren, damit das Dressing eine schöne Konsistenz erhält. Mit Salz, Pfeffer und einer Prise Zucker würzen.

Für den Salat den Salat putzen, waschen und trockenschleudern. Die Blätter in mundgerechte Stücke zupfen, in eine Schüssel geben und gut mit dem Dressing mischen.

Essbare Frühlingsblüten wie Gänseblümchen, Veilchen und Vergissmeinnicht sind eine besonders hübsche Garnitur für den Salat. Das Dressing hält sich in einem Schraubglas ca. 2 Wochen. Bereiten Sie am besten gleich eine größere Menge zu.

Wildkräutersalat
mit Brotchips und karamellisiertem Spargel

Für 6 Personen | für Gäste

Salat:

200 g gemischte Wildkräuter, alternativ Babyleaves

150 g Kirschtomaten

150 g Feta

½ Baguette oder 2 Brötchen vom Vortag

3 EL Olivenöl

Salz

1 Bund weißer Spargel

2 Bund grüner Spargel

2–3 TL Zucker

2–3 EL frisch gepresster Zitronensaft

essbare Frühlingsblüten zum Garnieren

Dressing:

3 EL Balsamicoessig

1 TL Honig

2 TL Senf

Salz

frisch gemahlener Pfeffer

4 EL Olivenöl

Für das Dressing Balsamico mit Honig, Senf, Salz und Pfeffer in ein Schraubglas füllen. Olivenöl dazugießen, Glas verschließen und die Zutaten gut durchschütteln, beiseitestellen.

Für den Salat die Wildkräuter waschen und trockentupfen. Die Kirschtomaten je nach Größe halbieren oder vierteln. Den Feta fein würfeln. Baguette oder Brötchen in sehr dünne Scheiben schneiden.

1 EL Olivenöl in einer Pfanne erhitzen und die Brotscheiben darin goldbraun rösten. Leicht salzen und auf Küchenpapier abtropfen lassen.

Den weißen Spargel waschen, schälen und die unteren Enden abschneiden. Bei dem grünen Spargel nur das untere Drittel schälen und ebenfalls die unteren Enden abschneiden. Weißen und grünen Spargel in 4–5 cm lange Stücke schneiden. Dicke Stangen vorher längs halbieren.

Restliches Olivenöl in einer großen Pfanne erhitzen. Die Spargelstücke darin portionsweise kräftig anbraten. Sobald sie Farbe genommen haben, mit je 1 TL Zucker bestreuen und 1 Minute unter Rühren weiterbraten. Mit etwas Zitronensaft beträufeln und 50 Milliliter Wasser angießen. So lange schwenken, bis die Flüssigkeit verkocht und der Spargel bissfest ist. Den fertigen Spargel auf einem großen Teller abkühlen lassen.

Erst kurz vor dem Servieren den Wildkräutersalat vorsichtig mit Spargel, Tomaten und Feta vermischen und mit der Hälfte des Dressings marinieren. Brotchips und Frühlingsblüten darüberstreuen und das restliche Dressing separat dazureichen.

Man kann gut alle Komponenten vorbereiten und bis zum Essen kalt stellen. Marinieren sollte man den Salat aber erst kurz vor dem Servieren, da er recht schnell unansehnlich wird.

Bärlauch-Galette mit Spinatsalat

Für 4 Personen | vegetarisch

Galette:
6–8 Bärlauchblätter
150 g Buchweizenmehl
2 TL Butter

Spinatsalat:
1 Handvoll Babyspinat
2 Schalotten
5 getrocknete Aprikosen
4 EL Olivenöl
1 TL körniger Senf
1 TL Honig
3 EL Weißweinessig
6 EL Gemüsebrühe

Außerdem:
Salz
frisch gemahlener Pfeffer
4 Wachteleier
1 Becher Hüttenkäse
2 EL geröstete Sesamsamen

Für die Galette die Bärlauchblätter waschen und in Stücke zupfen. Zusammen mit 250 ml Wasser fein pürieren. Das Buchweizenmehl und ½ TL Salz unterrühren und abgedeckt 30 Minuten ruhen lassen.

Für den Salat inzwischen den Babyspinat putzen, waschen und trockenschleudern.

Für das Dressing die Schalotten schälen und würfeln. Die Aprikosen ebenfalls würfeln. Beides in einer Pfanne in 1 EL Olivenöl anschwitzen. Senf und Honig unterrühren und die Pfanne vom Herd nehmen. Weißweinessig und Gemüsebrühe hinzufügen und mit Salz und Pfeffer abschmecken. Abkühlen lassen und anschließend das übrige Olivenöl untermengen.

Die Wachteleier 4 Minuten kochen, abschrecken und pellen, die Eihaut mit einem Messer einritzen.

Den Backofen auf 60 Grad vorheizen. Eine große Pfanne erhitzen, mit ½ TL Butter ausstreichen und ¼ des Buchweizenteiges hineingeben. Den Teig zügig mithilfe einer kleinen Winkelpalette oder eines Crêpespatels dünn in der Pfanne ausstreichen. Hellbraun backen, wenden und auf einer Platte im vorgeheizten Backofen warm stellen. Mit dem übrigen Teig ebenso verfahren und daraus 3 weitere Buchweizenpfannkuchen backen.

Auf jeden Pfannkuchen mittig 1 EL Hüttenkäse geben, mit Salz und Pfeffer würzen. Die Pfannkuchenränder so über den Hüttenkäse schlagen, dass sie leicht überlappen und eine Öffnung für das Wachtelei bleibt.

Den Spinatsalat mit 2 EL Dressing marinieren.

Die Galettes auf Tellern anrichten. Das übrige Aprikosen-Dressing über die Galettes träufeln, je etwas Spinatsalat dazugeben und zum Schluss die halbierten Wachteleier auflegen. Mit Sesam bestreut servieren.

Bärlauchsuppe mit Croûtons

Für 4 Personen | gut vorzubereiten

4 EL Bärlauchpesto
1 Zwiebel
2 mittlere Kartoffeln
2 EL Butter
6 Scheiben Baguette
700 ml Gemüsebrühe
200 ml Sahne
Salz
frisch gemahlener Pfeffer
frisch geriebene Muskatnuss

Die Zwiebel schälen und klein würfeln. Die Kartoffeln waschen, schälen und würfeln. 1 EL Butter in einem Topf zerlassen, Zwiebel und Kartoffeln darin anschwitzen, Brühe angießen und aufkochen. Bei mittlerer Hitze und geschlossenem Deckel 20 Minuten weich kochen.
Das Baguette würfeln und in der restlichen Butter anrösten.
Die Sahne zur Suppe geben, nochmals aufkochen und die Suppe fein pürieren. Mit Salz, Pfeffer und Muskat würzen. Die Hälfte des Bärlauchpestos unterrühren.
Die Bärlauchsuppe mit den Croûtons und dem restlichen Pesto servieren.

Für selbst gemachtes Bärlauchpesto 100 g Bärlauch waschen, trockenschleudern, putzen und die Blätter grob hacken. 2 EL Pinienkerne in einer Pfanne ohne Fett anrösten. Mit dem Bärlauch und 120 ml Olivenöl in einem Mixer fein pürieren. 30 g fein geriebenen Parmesan unterrühren und mit Salz, Pfeffer und einem Spritzer Zitronensaft würzen. Zum Aufbewahren das Pesto in ein Schraubglas füllen, mit einem dünnen Ölfilm bedecken und in den Kühlschrank stellen.

Spinattarte

Für 4 – 6 Personen | vegetarisch

900 g Blattspinat
1 Zwiebel
3 EL ÖL
Salz
frisch gemahlener Pfeffer
geriebene Muskatnuss
8 Scheiben Filoteig
50 g zerlassene Butter
4 Eier
250 g saure Sahne
¼ TL frisch
1 EL gehackter Dill
250 g Schafskäse

Außerdem:
Butter für die Form

Den Backofen auf 180 Grad vorheizen.
Den Spinat putzen und waschen. Die Zwiebel schälen und würfeln. Etwas Öl in einer großen Pfanne erhitzen und die Zwiebel darin 5 Minuten glasig dünsten. Den nassen Spinat zugeben und in der Pfanne zusammenfallen lassen. Salzen, pfeffern und mit dem geriebenen Muskat würzen. Ein Blatt Filoteig mit zerlassener Butter bestreichen. Ein zweites Blatt auflegen und wieder mit Butter bestreichen. So nacheinander alle Blätter verarbeiten. Eine (22 x 22 cm) oder zwei kleinere quadratische Auflaufschale(n) buttern. Mit dem Filoteig auslegen.
Die Eier mit der sauren Sahne, etwas geriebener Muskatnuss, Salz, Pfeffer und dem Dill verrühren. Mit dem Spinat vermengen und die Mischung auf dem Filoteig verteilen. Den Käse darüberbröckeln.
Im vorgeheizten Backofen in etwa 30 Minuten goldbraun backen.

Die Tarte schmeckt auch sehr gut, wenn Sie den Spinat zur Hälfte durch Mangold ersetzen. Die Stiele des Mangolds zusammen mit den Zwiebeln andünsten und die Mangold-blätter gleichzeitig mit den Spinatblättern dazugeben.

Grüner Spargelrisotto

Für 4 Personen | für Gäste

1 Bund grüner Spargel
350 g Risottoreis
1 Schalotte
1 Knoblauchzehe
2 EL Butter
4 getrocknete Tomaten, in Öl eingelegt
100 ml Weißwein
1 ½ l Gemüsebrühe
50 g Parmesan
1 EL Crème fraîche
Salz
frisch gemahlener Pfeffer

Den Spargel waschen, im unteren Drittel schälen und schräg in 2 cm dicke Scheiben schneiden. Die Schalotte und den Knoblauch schälen und klein würfeln. Die getrockneten Tomaten in Streifen schneiden. Den Parmesan fein reiben.

Die Brühe einmal aufkochen, auf kleinster Hitze heiß halten. In einem zweiten Topf die Butter erhitzen, Schalotten, Knoblauch, getrocknete Tomatenstreifen und Risottoreis darin anschwitzen (Bild 1). Mit dem Weißwein ablöschen und unter Rühren einkochen lassen (2 + 3). Heiße Brühe nach und nach zugeben und immer vom Reis aufnehmen lassen, dabei gelegentlich umrühren (4). Nach 10 Minuten den grünen Spargel zugeben (5). Etwa 8–10 Minuten weitergaren, bis der Risottoreis schön cremig und noch leicht bissfest ist. Parmesan und Crème fraîche unterrühren (6), mit Salz und Pfeffer würzen.

 TIPP Zusammen mit Parmesan und Crème fraîche zusätzlich eine Handvoll frische Kräuter der Saison hinzufügen.

Maischollenfilets
mit Kartoffel-Radieschen-Salat

Für 4 Personen | klassisch

Maischollen:
2 Maischollen
Salz
frisch gemahlener Pfeffer
½ Zitrone
2 EL Mehl
2 EL Rapsöl
1 EL Butter

Salat:
600 g festkochende Kartoffeln
1 Zwiebel
2 EL Rapsöl
1 EL Senf
200 ml Fleischbrühe
Salz
frisch gemahlener Pfeffer
1 Bund Radieschen
1 Bund Schnittlauch

Für den Kartoffel-Radieschen-Salat die Kartoffeln gründlich waschen, in einem Topf knapp mit Wasser bedecken und weich garen.

Für die Maischollen die Schollen mit einem scharfen spitzen Messer auf der dunklen Seite vom Kopf bis zur Schwanzflosse über der Mittelgräte einschneiden. Das Filet mit der Spitze des Messers direkt entlang der Gräten in einem Stück ablösen (Bild 1). Das zweite Filet ebenso auslösen (2). Die Scholle auf die helle Seite drehen, die kleine Flosse mit einer Schere abschneiden und das dritte und vierte Filet wie beschrieben auslösen (3 + 4). Verbliebene Gräten, Flossenansätze und die Haut von den Filets lösen, diese abspülen und trockentupfen (5).

Die Kartoffeln abgießen und abkühlen lassen, pellen und in Scheiben schneiden. Die Zwiebel schälen, klein würfeln und im Rapsöl anschwitzen. Senf und Brühe unterrühren, kräftig mit Salz und Pfeffer würzen. Die heiße Mischung unter die Kartoffeln mengen und sie 10 Minuten ziehen lassen.

Inzwischen die Radieschen waschen, putzen und in Scheiben schneiden. Schnittlauch waschen, trockentupfen und bis auf ein paar Halme für die Garnitur in feine Röllchen schneiden.

Die halbe Zitrone auspressen und die Schollenfilets mit Salz, Pfeffer und Zitronensaft würzen, in Mehl wenden und im heißen Rapsöl von beiden Seiten 2 Minuten braten. Butter zugeben, aufschäumen und die Filets damit übergießen. Pfanne vom Herd nehmen, Filets 2–3 Minuten ziehen lassen.

Die Radieschenscheiben und die Schnittlauchröllchen unter den Kartoffelsalat mischen und ihn zusammen mit den Maischollenfilets auf Tellern anrichten. Mit Schnittlauchhalmen garnieren.

Spargel
mit Tomaten-Vanille-Nuss-Topping

Für 4 Personen | für Gäste

Spargel:
2 kg weißer Spargel
1/2 TL Salz
¼ TL Zucker
1 TL Butter

Topping:
400 g Kirschtomaten
1 Vanilleschote
40 g gehackte Haselnüsse
2 Frühlingszwiebeln
3 getrocknete Tomaten
Salz
frisch gemahlener Pfeffer
4 Stiele glatte Petersilie
Öl zum Anbraten

Für den Spargel die Stangen schälen und die holzigen Enden abschneiden. Die Stangen in etwas Wasser ca. 8 Minuten blanchieren.
Die Vanilleschote längs aufschneiden und das Vanillemark auskratzen.
Für das Topping die Kirschtomaten waschen, trockentupfen und vierteln. Die Frühlingszwiebeln putzen, waschen und in feine Ringe schneiden.
Die getrockneten Tomaten fein hacken und mit den Haselnüssen in etwas Öl bei mittlerer Hitze anbraten, die frischen Tomaten und die Frühlingszwiebeln zugeben und kurz anschwitzen. Alles mit Salz, Pfeffer, etwas Zucker und der Vanille würzen.
Die Petersilie waschen, trockentupfen, fein hacken und unter das Tomaten-Topping mischen.
Den Spargel portionsweise in etwas Öl in einer Pfanne kurz anbraten, bis er Farbe bekommt. Auf vorgewärmte Teller verteilen und mit dem Tomaten-Topping servieren.

Lammkeule aus dem Ofen

Für 6 Personen | braucht etwas Zeit

2 ½ kg Lammkeule mit Knochen
1 unbehandelte Zitrone
1 TL Fenchelsamen
½ TL grobes Meersalz
½ TL schwarze Pfefferkörner
3 Zweige Thymian
50 g zimmerwarme Butter
1 junge Knoblauchknolle
1 kg kleine Kartoffeln, z. B. Drillinge
400 g Kirschtomaten

Den Backofen auf 160 Grad vorheizen. Die Lammkeule trockentupfen und auf ein tiefes Backblech legen. Die Zitrone heiß waschen, trockentupfen und die Schale fein abreiben. Die Fenchelsamen, das Salz und die Pfefferkörner im Mörser grob zerstoßen. Den Thymian waschen und trockentupfen, die Blättchen abzupfen. Die Zitronenschale, die zerstoßenen Gewürze und den Thymian mit der Butter verrühren. Die Lammkeule mit der Mischung einstreichen. 300 ml Wasser in das Backblech gießen. Die Knoblauchknolle halbieren und zur Lammkeule auf das Backblech legen. Auf der 2. Einschubleiste von unten in den vorgeheizten Backofen schieben und 90 Minuten garen. Währenddessen zweimal mit dem entstandenen Schmorsud übergießen.

Nach Ende dieser Garzeit die Kartoffeln gründlich waschen, halbieren, auf dem Backblech verteilen und alles weitere 60 Minuten garen. Kirschtomaten waschen, zu den Kartoffeln geben und 30 Minuten mitgaren.

Die Lammkeule aus dem Ofen nehmen. Gemüse mit dem Schmorsud auf einer großen vorgewärmten Servierplatte verteilen. Das Fleisch mit einem scharfen Messer in 2 großen Stücken vom Knochen lösen (Bild 1 + 2) und in Scheiben schneiden (3). Auf der Platte anrichten.

Rosa Kalbstafelspitz mit Senfeis

Für 4 Personen | für Gäste

Senfeis:
250 ml Milch
125 ml Sahne
2 TL Honig
2 Eigelb
125 g mittelscharfer Senf
50 g körniger Dijon-Senf
1 TL Tabasco
1 TL süße Chilisoße
Salz
frisch gemahlener Pfeffer

Tafelspitz:
1 kg Kalbstafelspitz
2 EL Butterschmalz
Salz
frisch gemahlener Pfeffer
1 Bund Schnittlauch
2 Handvoll Blut-Sauerampfer oder Rucola
1 Apfel
2 EL Weißweinessig
1 Messerspitze Senf
Salz
frisch gemahlener Pfeffer
5 EL Rapsöl

Für das Senfeis die Milch, Sahne und den Honig zum Kochen bringen. Das Eigelb in eine Schüssel geben. Nach und nach ⅓ der nicht mehr kochenden Honigmilch unter Rühren dazugeben. Dadurch findet ein Temperaturausgleich statt. Dann die Eimasse in die Milch rühren. Im heißen Wasserbad die Masse nochmals unter ständigem Rühren erhitzen, bis sie dicklich wird. Sie darf nicht kochen, sonst gerinnt das Eigelb.

Anschließend im kalten Wasserbad abkühlen lassen. Die beiden Senfsorten, Tabasco, die Chilisoße sowie Salz und Pfeffer verrühren und mit der Creme vermengen. In die Eismaschine füllen und gefrieren lassen.

Den Backofen auf 80 Grad vorheizen.

Für den Tafelspitz das Butterschmalz in einer Pfanne erhitzen. Das Fleisch trockentupfen und von allen Seiten kräftig anbraten. Mit Salz und grob gemahlenem Pfeffer würzen. Auf ein Backblech legen und im vorgeheizten Backofen etwa 2–3 Stunden garen. Anschließend abkühlen lassen.

Inzwischen den Schnittlauch waschen, trockentupfen und in feine Röllchen schneiden. Den Blut-Sauerampfer oder Rucola putzen, waschen und trockenschleudern. Den Apfel schälen, entkernen und würfeln. Essig, Senf, Salz und Pfeffer verquirlen. Das Öl unterschlagen. Die Apfelwürfel und 1 EL Schnittlauch dazugeben.

Das Fleisch in den restlichen Schnittlauchröllchen wenden. Quer zur Faser in ½ cm dicke Scheiben schneiden und locker auf einen Teller legen. Den Blut-Sauerampfer mit dem Dressing vermengen und mit dem Senfeis zum Fleisch anrichten.

Eine Servier-schale oder ein Schälchen in das Gefrierfach stellen und durchkühlen lassen. So bleibt das Eis beim Anrichten länger fest.

Osterkranz

Für 5–6 Personen | gut vorzubereiten

1 unbehandelte Zitrone
500 g Mehl
1 Päckchen Trockenhefe
2 EL Zucker
½ TL Salz
125 ml Milch
2 Eier
50 g zimmerwarme Butter
1 EL Zucker
2 EL Milch
1 EL Sesam
5 rohe Eier
5 gefärbte, hart gekochte Eier

Außerdem:
Mehl zum Ausrollen
Butter zum Einfetten

Die Zitrone waschen, abtrocknen und die Schale fein abreiben. Das Mehl mit der Hefe, dem Zucker, Salz und der Zitronenschale in einer Schüssel gut mischen. Milch, Eier und Butter zur Mehlmischung geben. Mit den Knethaken des Handrührers oder in der Küchenmaschine zu einem glatten, geschmeidigen Teig verkneten. Abgedeckt 15 Minuten an einem warmen Ort gehen lassen.
Ein Backblech mit Backpapier auslegen. Den Teig auf einer leicht bemehlten Arbeitsfläche in 3 gleiche Portionen teilen und zu etwa 50 cm langen, gleichmäßig dicken Strängen rollen (Bild 1). Die Teigstränge locker zu einem Zopf zusammenlegen (2 + 3), zu einem Kranz formen und die Enden gleichmäßig verbinden (4). Auf das Backblech legen. Die rohen Eier außen gut einfetten und als Platzhalter mit gleichmäßigem Abstand in den Kranz drücken und dort belassen (5). Den Zucker und die Milch verrühren, den Kranz damit bestreichen und mit Sesam bestreuen (6 + 7). An einem warmen Ort 45 Minuten gehen lassen. Den Backofen auf 180 Grad vorheizen. Den Osterzopf auf der zweiten Einschubleiste von unten in den vorgeheizten Backofen schieben und in 30–35 Minuten goldbraun backen. Die Platzhaltereier aus dem Kranz lösen und durch die gefärbten Eier ersetzen (8).

Rhabarber-Himmelstorte

Für zwei Springformböden | braucht etwas Zeit

22er	26er	
Teig:		
90 g	125 g	zimmerwarme Butter
35 g	50 g	Zucker
3	4	Eigelb
70 g	100 g	Mehl
1 ½ TL	2 TL	Backpulver
1 ½ EL	2 EL	Milch
Baiser:		
3	4	Eiweiß
1 Prise	1 Prise	Salz
150 g	200 g	Zucker
60 g	80 g	gehobelte Mandeln
Füllung:		
350 g	500 g	Rhabarber
175 g	250 g	Himbeeren
90 g	130 g	Zucker
30 g	1 Päck.	Vanillepudding-pulver
200 ml	300 ml	Sahne
1 ½ Päck.	2 Päck.	Vanillezucker

Den Backofen auf 175 Grad vorheizen. Zwei 26er (zwei 22er) Springform-böden mit Backpapier auslegen und die Ränder aufspannen.

Für den Teig die Butter und den Zucker schaumig schlagen. Nach und nach das Eigelb zugeben und weißschaumig aufschlagen. Das Mehl mit dem Backpulver mischen und abwechselnd mit der Milch unter die Butter-Eigelb-Masse heben. Den Teig halbieren und auf die Springformen verteilen. Mit einem Teigschaber den Teig gleichmäßig verstreichen (Bild 1).

Für das Baiser das Eiweiß mit dem Salz leicht aufschlagen. Den Zucker unter ständigem Rühren langsam einrieseln lassen. So lange gleichmäßig weiterschlagen, bis sich der Zucker aufgelöst hat und der Eischnee Spitzen bildet. Den Eischnee auf die beiden Böden aufteilen und verstreichen (Bild 2). Jeweils die Hälfte der gehobelten Mandeln auf dem Eischnee verteilen (Bild 3). Die Böden nacheinander im vorgeheizten Backofen etwa 25 Minuten backen.

Für die Füllung in der Zwischenzeit den Rhabarber waschen, putzen, die Enden abschneiden und die äußeren Fäden abziehen. Die Stangen in 2 cm lange Stücke schneiden. Die Himbeeren ebenfalls waschen, abtropfen lassen und pürieren. Das Himbeerpüree über einem Topf durch ein feines Sieb streichen. Rhabarber und Zucker zu dem Himbeermark geben, alles auf-kochen und bei mittlerer Hitze 4 – 5 Minuten köcheln lassen (Bild 4). Das Vanillepuddingpulver mit (4 EL) 6 EL kaltem Wasser verrühren, zur Rhabar-ber-Mischung geben und unter Rühren 1 Minute köcheln lassen. Das Kom-pott etwas abkühlen lassen. Einen Tortenboden auf eine Platte legen, mit einem Tortenring umspannen und das Rhabarber-Himbeer-Kompott darauf verstreichen (Bild 5). Die Sahne mit dem Vanillezucker steif schlagen und auf der Kompottschicht verteilen (Bild 6). Den zweiten Tortenboden darauflegen und sanft andrücken (Bild 7). Die Torte mindestens 2 Stunden kalt stellen.

Erdbeer-Tiramisu

Für 6–8 Personen | fix fertig

500 g Erdbeeren
1 EL Puderzucker
250 g Mascarpone
150 g Schmand oder Joghurt, 10 % Fett
2–3 EL Zucker
250 ml Sahne
250 g Mandelkekse, z. B. Cantuccini
50 ml Mandellikör, z. B. Amaretto
etwas Zitronenmelisse

Die Erdbeeren waschen, putzen und vierteln. Mit dem Puderzucker besieben und gut Saft ziehen lassen. Die Mascarpone mit dem Schmand oder Joghurt glatt rühren. Mit Zucker abschmecken. Die Sahne steif schlagen und unterheben. Nochmals abschmecken.

Die Kekse zerkleinern, dazu in einen Frischhaltebeutel geben, diesen verschließen und mit einem Nudelholz über die Kekse rollen, bis sie fein zerbröselt sind.

Die Zutaten in Gläser oder 1–2 kleine Auflaufformen schichten. Mit etwas Creme beginnen, dann die Keksbrösel darüberstreuen und mit Likör beträufeln. Einige Erdbeeren mit etwas Saft darauf verteilen. Die Schichtung wiederholen. Mit Zitronenmelisse garnieren.

Das Tiramisu einige Stunden im Voraus oder am Vortag zubereiten, damit es gut durchziehen kann.

Frühlingsbowle

Für 2 Liter | für Gäste

2 Flaschen Weißwein,
z. B. Sauvignon blanc
1 Bund Zitronenmelisse
1 unbehandelte Zitrone
2 Schalen Physalis
4 EL Zucker
100 ml Aperol
Eiswürfel zum Servieren

Den Weißwein in ein Bowlengefäß gießen. Die Zitronenmelisse waschen, trockentupfen und die Blätter abzupfen. Die Zitrone waschen, trockentupfen und die Schale mit dem Sparschäler in einem Stück abschälen. Die Physalis putzen, waschen und halbieren.
Die Zitronenmelisse mit Zitronenschale, Physalis, Zucker und Aperol zum Weißwein geben, umrühren und die Bowle 2 Stunden kalt stellen. Vor dem Servieren Eiswürfel in die Bowle geben.

 **TIPP** In der Erdbeerzeit für die Bowle zusätzlich 500 g Erdbeeren putzen, kleinschneiden und mit den Eiswürfeln zum Schluss in die Bowle geben. Den Aperol hier dann durch 100 ml weißen Rum ersetzen.

Erd-
beermarme-
lade verliert bei län-
gerer Lagerung leicht die
schöne Farbe. Legen Sie die
abgekühlten Gläser bis zu
6 Monate ins Gefrierfach. Das
tut nicht nur der Farbe gut.
Auch schmeckt die Mar-
melade wie frisch
gekocht.

Erdbeermarmelade

Für 4–5 Gläser, je 200 ml | für den Vorrat

1 kg Erdbeeren
500 g Gelierzucker 2:1
1 Zitrone

Die Erdbeeren nur kurz abbrausen und gut abtropfen lassen. Die Kelchblätter abzupfen und die Früchte in Stückchen schneiden. Mit dem Zucker in eine Schüssel geben. Zugedeckt an einem kühlen Ort mehrere Stunden Saft ziehen lassen. Anschließend die Gläser vorbereiten. Die gründlich gespülten Gläser und Deckel heiß ausspülen und zum Abtropfen kopfüber auf ein sauberes Geschirrtuch stellen. Die Erdbeeren mit ihrem Saft in einen großen Topf geben. Die Zitrone auspressen und den Saft unterrühren. Alles unter Rühren zum Kochen bringen und 3–4 Minuten sprudelnd kochen lassen. Dann eine Gelierprobe machen. Dafür 1 EL der Marmelade auf einen kalten Unterteller geben, sie sollte innerhalb von 1–2 Minuten gelieren. Wenn die Marmelade stark schäumt, den Schaum abnehmen, weil er die Haltbarkeit etwas verkürzen kann. Marmelade mit einer Kelle und einem Trichter randvoll in die vorbereiteten Gläser füllen. Die Gläserränder säubern. Gläser sofort fest verschließen und kopfüber 5 Minuten stehen lassen.

TIPP Für den besonderen Pfiff 50–100 g frisch geriebenen Ingwer oder das Mark von 1 Vanilleschote mitkochen bzw. 2 EL fein gehackte Minze vor dem Abfüllen unter die Marmelade rühren. Sehr lecker ist die Marmelade auch zu gleichen Teilen aus Erdbeeren und Rhabarber gekocht.

Erdbeer-Zwiebel-Chutney

Für 6 Gläser á 200 ml | zum Verschenken

500 g Erdbeeren
100 g getrocknete Soft-Aprikosen
400 g Zwiebeln
1 rote Paprika
1 rote Chili
40 g Ingwer
100 g Zucker
100 ml Weißweinessig
½ TL Zimt
1-2 TL Salz
frisch gemahlener Pfeffer

Die Erdbeeren waschen, entkelchen und klein schneiden. Die Aprikosen würfeln. Die Zwiebeln schälen und in kleine Würfel schneiden. Die Paprika und die Chili waschen, entkernen und ebenfalls fein würfeln. Den Ingwer schälen und reiben. Erdbeeren, Aprikosen, Zwiebeln, Paprika, Chili, Ingwer, Zucker und Essig in einen Topf geben. Mit Zimt, 1 TL Salz und etwas Pfeffer würzen. Alle Zutaten langsam aufkochen und bei mittlerer Hitze ca. 30 Minuten köcheln lassen, bis die Masse leicht andickt. Zwischendurch immer wieder umrühren.

Mit Salz, Pfeffer, Zucker und ggf. etwas Zimt abschmecken, nochmals aufkochen und sofort bis zum Rand in die gespülten und heiß ausgewaschenen Gläser füllen. Mehrmals aufklopfen, damit die Luft entweichen kann. Dann mit Schraubdeckeln fest verschließen. Kühl und dunkel gelagert hält das Chutney ca. 3 Monate.

Sommer

Im Sommer kann man in der Küche so richtig
aus dem Vollen schöpfen. Mit der ganzen Vielfalt des Freilandgemüses
lassen sich bunte Salate und leichte Hauptgerichte mit
und ohne Fisch oder Fleisch zaubern. Und wenn es so richtig heiß ist,
sorgen selbst gemachtes Eis und fruchtige Getränke
auf das Köstlichste für Abkühlung.

Kopfsalat griechischer Art
mit Mandel-Vinaigrette & Grillspieß

Für 4 Personen | für Gäste

Dressing:
40 g Mandeln
1 TL Zucker
2 EL Zitronensaft
3 EL Olivenöl
Salz, frisch gemahlener Pfeffer

Gyros-Spieße:
800 Gramm Schweinefilet
4 Zweige Thymian
1 Zweig Rosmarin
1 Stiel Minze
2 Zweige Oregano
1 Knoblauchzehe
1 TL Paprika, rosenscharf
2 EL Öl
Salz

Salat:
1 Kopfsalat
1 rote Zwiebel
1 rote Spitzpaprika
2 Minigurken
200 g Feta
100 g Kalamata Oliven, ohne Stein
Salz
frisch gemahlener Pfeffer

Für das Dressing die Mandeln bei mittlerer Hitze in einer Pfanne ohne Fett anrösten, bis sie zu duften beginnen. Vom Herd nehmen und etwas abkühlen lassen.
4 EL Wasser, Zucker, Zitronensaft, Olivenöl sowie Salz und Pfeffer zugeben und alles mithilfe des Pürierstabs cremig pürieren.

Für die Gyros-Spieße das Schweinefilet in 5–7 mm dicke Scheiben schneiden und mit Küchenpapier trockentupfen. Thymian, Rosmarin, Minze und Oregano waschen, trockentupfen, die Blätter und Nadeln zupfen und klein schneiden. Den Knoblauch schälen und fein würfeln. Kräuter, Knoblauch, Paprika und Öl mischen und mit Salz würzen. Das Fleisch damit marinieren, auf Spieße stecken und bis zur Verwendung zugedeckt kalt stellen.

Für den Salat den Kopfsalat waschen, putzen, trockenschleudern und in mundgerechte Stücke zupfen. Die Zwiebel schälen und in feine Ringe schneiden, die Spitzpaprika waschen, halbieren, putzen und in dünne Halbringe schneiden. Die Gurken nach Belieben schälen, halbieren, das Kerngehäuse mit einem Löffel herauskratzen und die Gurkenhälften ebenfalls in Halbringe schneiden. Den Feta würfeln.
Die Spieße auf dem Grill in wenigen Minuten knusprig grillen. Währenddessen die Salatzutaten und die Oliven vorsichtig mit der Vinaigrette mischen. Zusammen mit den Gyros-Spießen servieren.

 TIPP Sie können die Spieße auch in der Pfanne zubereiten.

Fenchel-Tomaten-Salat mit Räucherlachs

Für 4 Personen | raffiniert

Salat:
3 Fenchelknollen
5 Strauchtomaten
Salz
3 Zweige Dill
1 Schalotte

Dressing:
4 EL Weißweinessig
2 TL Honig
1 TL Senf
Salz
frisch gemahlener Pfeffer
4 EL Olivenöl
200 g Räucherlachs

Für den Salat die Fenchelknollen waschen, halbieren, putzen, vom Strunk befreien (Bild 1) und in dünne Scheiben schneiden (2). Fenchel mit 1 Messerspitze Salz mischen und 10 Minuten ziehen lassen. Tomaten waschen, halbieren, Stielansatz entfernen und die Hälften in Scheiben schneiden. Den Dill waschen, trockentupfen und klein schneiden.

Für das Dressing die Schalotte schälen und klein würfeln. Den Weißweinessig mit Honig und Senf verrühren, mit Salz und Pfeffer würzen, Olivenöl zugeben und unterschlagen. Die Tomaten und den Dill zum Fenchel geben und alles mit dem Dressing mischen. Den Räucherlachs in Streifen schneiden und dekorativ auf dem Salat anrichten.

Gazpacho

Für 4 Personen | gut vorzubereiten

1 Salatgurke
2 rote Paprikaschoten
3 Tomaten
1 Knoblauchzehe
2 Scheiben Toast
100 ml Tomatensaft
100 ml Olivenöl
2–3 EL Weißweinessig
Salz
frisch gemahlener Pfeffer
Zucker
2 Frühlingszwiebeln

Die Gurke waschen, ein Stück Schale 1 cm dick abschneiden und fein würfeln. Die restliche Gurke grob würfeln.

Die Paprika waschen, entkernen und eine Hälfte klein würfeln, den Rest grob würfeln.

Die Tomaten waschen, halbieren, den Stielansatz herausschneiden und die Hälften grob würfeln. Den Knoblauch schälen und klein schneiden. Den Toast würfeln. Grob gewürfelte Gurke, Paprika, Tomaten, Knoblauch, Toast und Tomatensaft in einen Mixer geben. Olivenöl und Essig zufügen und alles fein pürieren. Mit Salz, Pfeffer und Zucker abschmecken. Die Gazpacho kalt stellen.

Inzwischen die Frühlingszwiebeln putzen, waschen und in feine Ringe schneiden.

Die gut gekühlte Gazpacho mit Frühlingszwiebeln, Gurken- und Paprikawürfel bestreuen und servieren.

Grüne Minestrone mit Pesto

Für 4 Personen | vegetarisch

500 g Erbsen
500 g grüne Bohnen
12 Mangoldblätter
2 Stangen Staudensellerie
4 Kartoffeln
2 Zwiebeln
2 EL Butter
2 l Gemüsebrühe
2 Lorbeerblätter
Salz
frisch gemahlener Pfeffer

Außerdem:
1 Scheibe Knäckebrot
2 TL grünes Pesto

Die Erbsen aus den Hülsen lösen. Die Bohnen waschen, putzen und in 3 cm lange Stückchen schneiden. Den Mangold waschen, trockenschütteln und die Blätter von den Stielen trennen. Beides in Streifen schneiden. Staudensellerie waschen und in Streifen schneiden. Die Kartoffeln und Zwiebeln schälen und fein würfeln. Die Zwiebeln in der Butter anschwitzen. Die Erbsen, Bohnen, Mangoldstiele, Staudensellerie und Kartoffeln zugeben und kurz dünsten. Gemüsebrühe, Lorbeerblatt, Salz und Pfeffer zugeben und alles etwa 20 Minuten köcheln lassen. Zum Schluss die Mangoldstreifen 2 Minuten mitgaren. Das Knäckebrot in einen Frischhaltebeutel geben und mit einem Nudelholz grob zerbröseln. Die Minestrone mit den Knäckebrotbröseln und dem Pesto servieren.

Das Fleisch 30 Minuten vor der Zubereitung aus dem Kühlschrank nehmen und abgedeckt Raumtemperatur annehmen lassen. Sollte die Käsecreme beim Abkühlen etwas zu fest werden, einfach mit dem Schneebesen noch etwas mehr Milch unterrühren.

Chili-Cheese-Steak-Sandwich

Für 4 Stück | braucht etwas Zeit

Belag:
700 g Entrecôte, in 12 dünne Scheiben
geschnitten und leicht plattiert
1 Romanasalatherz

Chili-Salsa:
2 grüne Chilis
1/2 rote Zwiebel
2 reife Tomaten
1 kleines Bund Koriander
Salz
1 Prise Zucker
1/2 Limette

Cheddar-Creme:
300 g Cheddar am Stück
300 ml Milch
1 EL Speisestärke
100 g Schmelzkäse

Außerdem:
1 Baguette, ca. 40 cm lang
etwas Öl zum Bepinseln
Salz
frisch gemahlener Pfeffer

Für die Chili-Salsa die Chilis waschen, längs halbieren, entkernen und sehr fein würfeln. Die Zwiebel schälen und ebenfalls fein würfeln. Die Tomaten waschen, vierteln, den Stielansatz und die Kerne entfernen und das Fruchtfleisch in feine Würfel schneiden. Den Koriander abbrausen, trockentupfen und grob hacken. Alle vorbereiteten Zutaten in einer Schüssel mischen. Mit Salz, einer Prise Zucker und wenigen Spritzern Limettensaft abschmecken und beiseitestellen.

Für die Cheddar-Creme den Kase grob reiben. 2/3 der Milch erhitzen. Die Speisestärke in der übrigen Milch glatt rühren und zur erhitzten Milch geben. Aufkochen und unter Rühren samig binden. Die Hitze reduzieren, geriebenen Cheddar und Schmelzkäse zufügen und unter Rühren schmelzen. Sobald die gewünschte cremige Konsistenz erreicht ist, die Creme vom Herd nehmen. Mit Folie abdecken und beiseitestellen.

Die Grillpfanne vorheizen.

Für den Belag die Grillpfanne vorheizen. Die Romanasalatblätter abbrausen und trockentupfen. die Steaks dünn mit Öl einpinseln und in der heißen Grillpfanne von beiden Seiten ca. 30–50 Sekunden scharf grillen. Herausnehmen und kurz ruhen lassen und mit Salz und Pfeffer würzen.

Das Baguette längs halbieren, beide Schnittflächen mit Cheddar-Creme bestreichen. Den Salat auf der unteren Hälfte verteilen, die Steaks auflegen und Salsa nach Geschmack darauf verteilen. Die andere Baguettehälfte aufsetzen, leicht andrücken und das Sandwich mit einem scharfen Sägemesser in 4 gleich große Stücke schneiden.

Zitronen-Tagliatelle mit Zucchini

Für 4 Personen | vegetarisch

400 g Tagliatelle
400 g Zucchini
2–3 Schalotten
1–2 Knoblauchzehen
1 unbehandelte Zitrone
2-3 EL Olivenöl
300 ml Kochsahne, 15 % Fett
½ Bund Petersilie

In einem großen Topf Wasser zum Kochen bringen, salzen und die Tagliatelle darin bissfest kochen.

Inzwischen die Zucchini putzen und in feine Scheiben schneiden. Schalotten und Knoblauchzehen schälen und fein würfeln. Die Zitrone waschen, die Schale fein abreiben und den Saft auspressen. Die Petersilie waschen, trockentupfen, die Blätter abzupfen, hacken und beiseitestellen.

Das Öl in einer breiten Pfanne mit hohem Rand erhitzen und die Zucchinischeiben darin ggf. portionsweise hellbraun braten. In den letzten 2 Minuten die Schalotten und den Knoblauch zugeben und ebenfalls hell braten. Die Kochsahne mit 6–8 EL Zitronensaft und 2–3 TL Zitronenabrieb zugeben und kurz aufkochen. Die gehackte Petersilie unterrühren und die Soße salzen und pfeffern.

Parallel dazu die Tagliatelle abgießen und kurz in einem Sieb abtropfen lassen. Die Nudeln auf vier Teller verteilen und die Soße darauf anrichten und servieren. Dazu passt etwas frisch geriebener Parmesan.

Gebratene Saiblingsfilets mit Zitronenremoulade

Für 4 Personen | fix fertig

Saiblingsfilets:
4 Saiblingsfilets mit Haut, à 180 g
Salz
frisch gemahlener Pfeffer
2 EL Rapsöl
1 EL Butter

Zitronenremoulade:
1 rote Zwiebel
4 Zweige glatte Petersilie
½ unbehandelte Zitrone
1 Eigelb
1 TL Senf
120 ml neutrales Pflanzenöl
100 g Naturjoghurt

Für die Zitronenremoulade die Zwiebel schälen und sehr fein würfeln. Die Petersilie waschen, trockentupfen, Blätter abzupfen und klein hacken. Die Schale der Zitronenhälfte fein abreiben und den Saft auspressen. Das Eigelb mit dem Senf verrühren. Eine Hälfte des Öls tröpfchenweise unterschlagen, restliches Öl in einem dünnen Strahl zugeben und unterschlagen, bis eine cremige Mayonnaise entstanden ist (Bild 1). Joghurt, Petersilie und Zwiebel zugeben (2 + 3). Die Remoulade mit Salz, Pfeffer, Zitronenschale und -saft würzen (4).

Die Saiblingsfilets waschen, trockentupfen und mit Salz und Pfeffer würzen.

Die Filets in einer beschichteten Pfanne in erhitztem Öl auf der Hautseite 2–3 Minuten anbraten, dann wenden, die Butter zugeben und die Filets bei geringer Hitze 2 Minuten gar ziehen lassen, dabei mit dem Bratfett beträufeln. Sofort mit der Remoulade servieren. Dazu passen Salzkartoffeln.

Seeteufel-Oliven-Spieße

Für 4 Personen | raffiniert

400 g Seeteufel, gehäutetes Schwanzstück
4 Scheiben Weißbrot, etwa 2 cm dick
12 lange Rosmarinzweige
2 Knoblauchzehen
100 ml Olivenöl
ca. 50 g schwarze Oliven ohne Kern
24 dünne Scheiben Bacon
Salz
frisch gemahlener Pfeffer
1 Zitrone

Den Backofen auf 220 Grad vorheizen. Das Backblech mit Backpapier auslegen.
Den Seeteufel waschen und trockentupfen. Den Fisch und das Brot in 2 cm große Würfel schneiden. Den Rosmarin waschen. Die Blättchen bis auf die oberen von den Stielen abstreifen. Die Stiele am unteren Ende spitz anschneiden.
Die Knoblauchzehe schälen und grob hacken. Mit den Rosmarinblättchen im Mörser zerreiben. Mit dem Olivenöl vermengen und die Fisch- und Brotwürfel darin wenden. Abwechselnd den Fisch, die Brotwürfel und die Oliven auf die Rosmarinspieße stecken. Dabei die Baconscheiben wellenförmig mit aufstecken.
Die Spieße auf das Backblech legen. Mit Salz und Pfeffer bestreuen und im vorgeheizten Backofen etwa 15–20 Minuten braten. Die Zitrone auspressen. Mit dem Bratensaft vom Blech verrühren und über die Spieße träufeln.

 TIPP Zu den Fischspießen passt die Zitronenremoulade von S. 56 ganz hervorragend.

Mit einem luft-getrockneten Schinken wie San-Daniele-, Parma-, oder Serrano-Schinken schmeckt die Pizza auch sehr gut.

Pizza
mit Knochenschinken und Rucola

Für 1 Backblech | klassisch

Teig:
200 g Mehl
1 gestrichener TL Salz
10 g Hefe
100 ml lauwarmes Wasser
2 EL Olivenöl

Belag:
1 Schalotte
1 Knoblauchzehe
1 Dose passierte Tomaten
Salz
frisch gemahlener Pfeffer
Zucker
Oregano
150 g Mozzarella
einige Handvoll Rucola
6 Scheiben Knochenschinken
1 EL Olivenöl

Außerdem:
Mehl zum Ausrollen
Fett für das Backblech

Für den Teig das Mehl mit dem Salz in einer Schüssel vermengen. Die Hefe in 100 ml lauwarmem Wasser auflösen. Mit Mehl und Olivenöl zu einem geschmeidigen Hefeteig verkneten. Abgedeckt 45 Minuten gehen lassen.

Für den Belag die Schalotte und den Knoblauch schälen und in dem Olivenöl anschwitzen. Tomaten zufügen, mit Salz, Pfeffer, 1 Prise Zucker und Oregano würzen und die Soße sämig einköcheln lassen.

Den Backofen auf 250 Grad vorheizen.

Den Teig nochmals kurz durchkneten. Auf etwas Mehl dünn ausrollen und ein gefettetes Backblech damit auslegen. Mit der Tomatensoße bestreichen. Den Mozzarella grob reiben und darüberstreuen. Nochmals 10 Minuten gehen lassen.

Im vorgeheizten Backofen auf der untersten Einschubleiste etwa 10–15 Minuten backen. Inzwischen den Rucola waschen und trockenschleudern. Zum Servieren die Schinkenscheiben und den Rucola locker auf die fertig gebackene Pizza legen. Etwas Olivenöl darüberträufeln. Mit Pfeffer übermahlen und sofort servieren.

Buntes Schweinegeschnetzeltes

Für 4 Personen | preiswert

4 Schweineschnitzel je ca. 150 g
300 g Basmatireis
600 g Brokkoli
2 große Zwiebeln
je 2 rote und gelbe Paprika
1 daumengroßes Stück Ingwer
4 Zweige glatte Petersilie
1 EL Sesam
6 EL Sesamöl
400 ml Brühe
Salz
1 EL Fünf-Gewürze-Pulver
4 EL Sojasoße
2 EL Honig
2 EL Speisestärke

Die Schweineschnitzel abtupfen und in Streifen schneiden. Den Brokkoli waschen, putzen und in kleine Röschen teilen. Die Zwiebeln schälen und in Spalten schneiden. Die Paprika waschen, halbieren, entkernen und in Streifen schneiden. Den Ingwer schälen und fein reiben. Die Petersilie waschen, trockenschütteln, die Blättchen abzupfen und grob hacken.

Den Basmatireis nach Packungsanweisung garen.

Den Sesam in einer Pfanne ohne Fett anrösten und zur Seite stellen. Die Fleischstreifen in 2 EL Sesamöl anbraten und warm stellen.

Das Gemüse und den Ingwer in dem restlichen Sesamöl anbraten. Mit Brühe ablöschen. Salz, Fünf-Gewürze-Pulver, Sojasoße und Honig zugeben und alles 5 Minuten köcheln lassen. Die Speisestärke mit etwas Wasser anrühren und die Flüssigkeit damit binden. Das Fleisch unterheben und Sesam und Petersilie darüberstreuen. Mit dem Basmatireis servieren.

Das chinesische Fünf-Gewürze-Pulver ist eine Mischung aus Sternanis, Szechuan-Pfeffer, Fenchel, Zimt und Nelken. Sie können sie auch selber herstellen und insbesondere zum Würzen von asiatischen Fleisch- und Geflügelgerichten verwenden. Ingwer lässt sich sehr gut auch mit dem Teelöffel von der Schale befreien.

Kräuterhähnchen

Für 4 Personen | braucht etwas Zeit

1 frisches Hähnchen, ca. 1,8 kg
2 Zweige Rosmarin
6 Zweige Thymian
2 Zweige Salbei
2 Knoblauchzehen
2 EL Honig
1 EL grobes Meersalz
frisch gemahlener Pfeffer
3 EL Olivenöl
2 große Zwiebeln
100 g getrocknete Tomaten
100 g entsteinte schwarze Oliven,
z. B. Kalamata-Oliven

Außerdem:
Küchengarn

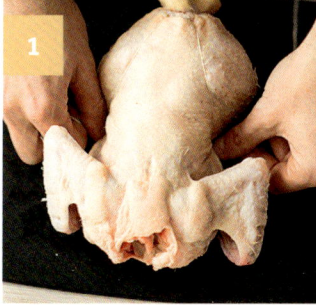

Vom Hähnchen den Halsknochen und den Bürzel abschneiden und es mit der Brustseite nach unten auf die Arbeitsfläche legen. Die Keulen mit Küchengarn fest zusammenbinden. Das Garn an den Keulen entlang bis zum Körper ziehen (Bild 1), das Hähnchen drehen und das Garn um die Flügel wickeln (2 + 3). Abschließend das Hähnchen noch ein-mal drehen und das Garn zusammenziehen und festknoten (4 + 5).

Den Rosmarin, den Thymian und den Salbei waschen, trockentupfen und fein hacken. Den Knoblauch schälen und klein würfeln. Kräuter und Knoblauch mit Honig, Meersalz, Pfeffer und Olivenöl verrühren. Den Backofen auf 180 Grad vorheizen. Die Zwiebeln schälen und in Spalten schneiden. Die getrockneten Tomaten klein schneiden.

Das Hähnchen auf ein Backblech setzen und gleichmäßig mit der Marinade einreiben. Zwiebeln, Tomaten und Oliven rundherum auf dem Backblech verteilen. 500 ml Wasser angießen. Auf der zweiten Einschubleiste von unten in den vorgeheizten Backofen schieben und das Hähnchen 2 Stunden garen, dabei zwei- bis dreimal mit dem Bratsud übergießen.

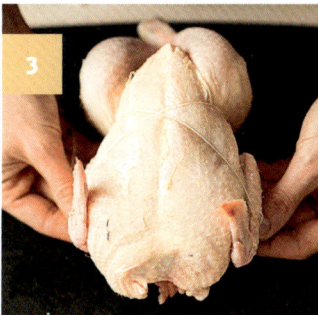

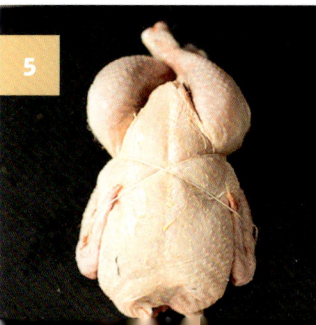

Zucchinibrote aus der Dose

Für 3 große Konservendosen | zum Verschenken

2 kleine Zucchini, zusammen ca. 300 g
1 Bund Thymian
700 g Weizenmehl Typ 550
1 TL Salz
1 Würfel Hefe
150 g Schafskäse

Außerdem:
Mehl zum Bearbeiten

Die Zucchini waschen und fein raspeln. Thymian waschen, trockentupfen und die Blättchen abzupfen. Beides mit Mehl und Salz vermengen. Hefe in 250 ml lauwarmem Wasser auflösen. Mit der Mehlmischung zu einem geschmeidigen Teig verkneten. Abgedeckt etwa 1 Stunde gehen lassen. In der Zwischenzeit 3 große Konservendosen mit Backpapier auskleiden. Den Backofen auf 250 Grad vorheizen. Den Schafskäse würfeln und unter den Hefeteig kneten. Den Teig in 3 Portionen teilen und die Dosen jeweils zu zwei Dritteln damit füllen. Abgedeckt 30 Minuten gehen lassen. Im vorgeheizten Backofen bei 250 Grad backen. Nach 10 Minuten die Temperatur auf 180 Grad senken und die Brote weitere 30 Minuten backen. Die Brote aus dem Ofen nehmen. Damit sie nicht schwitzen, nach 5 Minuten auf ein Kuchengitter stürzen und die Dosen sofort entfernen.

TIPP Die Dosenbrote sind bei einer Grillparty oder auf einem Buffet ein echter Hingucker.

Sauerrahm-Erdbeer-Eis

Für 4 Personen | gut vorzubereiten

400 g saure Sahne
200 ml gesüßte Kondensmilch
2 Limetten
100 ml Sahne
100 g Erdbeeren
½ Zitrone
30 g Puderzucker

Außerdem:
4 Holzstäbchen

Die saure Sahne mit der gesüßten Kondensmilch verrühren. Die Limetten halbieren, auspressen und den Saft mit der Masse vermengen. Die Sahne steif schlagen und unterheben. Kleine Gläschen oder Espressotassen zu zwei Dritteln mit der Eiscreme füllen. Etwa 1 Stunde gefrieren.

In der Zwischenzeit die Erdbeeren waschen und putzen sowie eine ½ Zitrone auspressen. Danach die Erdbeeren mit dem Zitronensaft und Puderzucker pürieren.

Das Eis aus dem Gefrierschrank nehmen. Jeweils einen dicken Klecks Erdbeersoße darauf verteilen und leicht unter die Saure- Sahne-Masse ziehen. Jeweils 1 Holzstäbchen hineinstecken und nochmals mindestens 3 – 4 Stunden gefrieren lassen.

Köstlich ist das Eis auch mit anderen Beerenfrüchten, Pfirsichen, Aprikosen oder Mangos.

Geeiste Blaubeer-Quarktorte

Für eine Springform | braucht etwas Zeit

24er	28er	
Boden:		
200 g	275 g	**Amarettini**
100 g	130 g	**Butter**
Quarkcreme:		
350 g	475 g	**Blaubeeren**
500 g	680 g	**Quark, 40 % Fett**
120 g	165 g	
Puderzucker		
500 g	680 g	**Mascarpone**
2 TL	2 ½ TL	**Vanillepaste**
200 ml	275 ml	**Sahne**
Garnitur:		
ca. 350 g	ca. 500 g	**Blaubeeren**
2 EL	2 ½ EL	**Puderzucker zum Bestäuben**

Die Torte mindestens 7 Stunden gefrieren lassen.
Den Boden einer 24er (28er) Springform mit Backpapier auslegen.
Für den Boden die Amarettini in einen Gefrierbeutel geben und mit dem Nudelholz fein zerstoßen (Bild 1) oder im Mixer fein zerbröseln. Die Butter schmelzen, die Brösel dazugeben und gut vermengen (Bild 2). Die Masse in die Springform geben und fest andrücken (Bild 3). Den Boden mindestens 30 Minuten kalt stellen.
Für die Quarkcreme die Blaubeeren waschen, trockentupfen, mit 1 EL Puderzucker fein pürieren (Bild 4). Nach Belieben durch ein feines Sieb passieren. 2 EL (3 EL) Blaubeerpüree beiseitestellen. Den Quark, den Mascarpone, den restlichen Puderzucker und die Vanillepaste gut verrühren. Die Sahne steifschlagen und vorsichtig unter die Quarkcreme ziehen. Für die dunkle Schicht 300 g (410 g) Quarkcreme mit dem Blaubeerpüree verrühren (Bild 5) und auf den Boden geben (Bild 6). Gleichmäßig verstreichen, abdecken und 1 Stunde einfrieren.
Für die helle Blaubeercreme das restliche Blaubeerpüree unter 400 g (540 g) Quarkcreme heben und kalt stellen. Die restliche Quarkcreme ebenfalls kalt stellen. Nach 1 Stunde die helle Blaubeercreme auf die Torte streichen (Bild 7). Die Torte wieder abdecken und mindestens 6 Stunden, am besten über Nacht gefrieren lassen. Die Torte 45 Minuten vor dem Servieren aus dem Gefrierschrank nehmen.
Für die Garnitur die restliche Quarkcreme glatt rühren und dann auf die Torte streichen. Die Blaubeeren waschen und auf der Oberfläche der Torte verteilen (Bild 8). Die Torte vor dem Servieren mit Puderzucker bestäuben .

Himbeer-Mohn-Törtchen

Für 6 Tassen, je 150 ml | fix fertig

Teig:
75 g Himbeeren, frisch oder TK
30 g weiße Schokolade
50 g Butter
150 g saure Sahne
1 Ei
3 EL Mohn
100 g brauner Zucker
170 g Mehl
1 EL Backpulver

Außerdem:
Butter zum Einfetten
6 EL Crème fraîche
1 TL Puderzucker

Den Backofen auf 175 Grad vorheizen. Die Tassen mit Butter einfetten. Die Himbeeren putzen, waschen und einige für die Garnitur zur Seite stellen. Die weiße Schokolade hacken. Die Butter schmelzen und mit der sauren Sahne und dem Ei verrühren. Den Mohn mit Zucker, Mehl und Backpulver vermengen und unter die Creme rühren. Himbeeren und weiße Schokolade unterheben. Den Teig in die vorbereiteten Tassen füllen.

Im vorgeheizten Ofen auf der 2. Schiene von unten 25–30 Minuten backen. In der Zwischenzeit die Crème fraîche mit dem Puderzucker verrühren. Jeweils einen Klecks auf die noch warmen Tassenkuchen geben, mit den Himbeeren garnieren und sofort servieren.

Die Himbeeren können beliebig durch gewürfelte Erdbeeren, rote Johannisbeeren oder Stachelbeeren ausgetauscht werden. Gefrorene Früchte vor dem Unterheben nicht auftauen lassen.

Wassermelonen-Margarita

Für 6 – 8 Gläser | für Gäste

1 Wassermelone (etwa 1 kg
Fruchtfleisch)
1 unbehandelte Orange
1 Limette
100 g Zucker
150 ml weißer Tequila
50 ml Cointreau
Crushed Ice

Außerdem:
Salz oder Zucker für den Glasrand

Die Orange waschen und die Schale fein abreiben. Den Saft auspressen. Die Limette ebenfalls auspressen. Etwas Saft für die Glasränder auf eine Untertasse geben.

In einem Topf Zucker, 100 ml Wasser und Orangenabrieb köcheln lassen, bis sich der Zucker aufgelöst hat. Den Zuckersirup abkühlen lassen.

Die Wassermelone in Spalten schneiden. Eine dünne Spalte mit Schale für die Garnitur zur Seite legen. Das Fruchtfleisch von den Kernen befreien und fein pürieren. Mit dem Orangen- und Limettensaft, dem Sirup, Tequila, Cointreau und Crushed Ice verrühren.

Die Glasränder nacheinander jeweils in etwas Limettensaft und dann je nach Geschmack in Salz oder Zucker tunken. Etwas antrocknen lassen.

Mit dem Wassermelonen-Margarita füllen und mit einem Stück Melone garnieren.

Sollten Sie Melonenfruchtfleisch übrig haben, können Sie es fein würfeln und mit etwas Joghurt (am besten griechischer mit 10 % Fett), ein wenig Limettensaft und -schale sowie Vanillezucker im Handumdrehen in ein erfrischendes Dessert verwandeln.

Pfirsichgranité

Für 4 Personen | gut vorzubereiten

**500 g Pfirsiche,
frisch oder aus der Dose
30 g Zucker
150 ml Sekt oder Orangensaft**

Für das Pfirsichgranité zunächst Läuterzucker herstellen. Dafür 30 ml Wasser mit dem Zucker kochen, bis der Zucker geschmolzen ist. Abkühlen lassen. Die Pfirsiche waschen, vierteln, ggf. entkernen und mit dem Läuterzucker pürieren. Das Püree durch ein Sieb streichen und mit dem Sekt oder dem Orangensaft aufgießen.
In eine flache Dose füllen und 1 Stunde anfrieren lassen. Durchrühren und wieder für 1 Stunde einfrieren. Den Vorgang wiederholen, bis eine grob-kristalline Masse entstanden ist. Mit einem Löffel Schichten abkratzen und in eisgekühlten Gläsern servieren.

Zusätzlich von einem Zweig Rosmarin die Nadeln abzupfen, sehr fein hacken und unter das Granité heben.

Herbst

Im Herbst dürfen die Salate wieder üppiger werden
und wärmende Suppen und Eintöpfe auf den Tisch kommen.
Dies ist die Saison, in der man sich in der Küche Zeit nehmen sollte
für langsam vor sich hin köchelnde Schmorgerichte
und heiß servierte Schokoladen-Leckereien. So lässt sich auch
das erste Sturmtief des Jahres genussvoll überstehen.

Makrelencreme

Für 4 Personen | gut vorzubereiten

2 geräucherte Makrelen
400 g Schmand
1 ½ Bund Schnittlauch
2 Bund Frühlingszwiebeln
2 TL grüner Pfeffer
2 Spritzer Zitronensaft
Salz
Baguette

Die Makrelen häuten und die Gräten entfernen. Mit zwei Gabeln zerpflücken und mit dem Schmand vermengen. Den Schnittlauch und die Frühlingszwiebeln waschen und trockentupfen. Die Wurzelenden und die dunklen Abschnitte von den Frühlingszwiebeln entfernen. Die hellgrünen und weißen Abschnitte in feine Ringe schneiden und einige davon für die Garnitur beiseitelegen. Die übrigen zusammen mit dem grünen Pfeffer unter die Creme rühren. Mit Zitronensaft und Salz abschmecken.

Ein Baguette in Scheiben schneiden und diese großzügig mit der Fischcreme bestreichen. Vor dem Servieren mit den beiseitegestellten Frühlingszwiebelringen bestreuen.

TIPP Die Makrelencreme schmeckt auch sehr gut auf einem herzhaften Sauerteig- oder Vollkornbrot.

Feldsalat
mit Birnen und Meerrettichdressing

Für 4 Personen | raffiniert

Salat:
150 g Feldsalat
1 kleiner Radicchiosalat
2 Birnen
2 EL Zitronensaft
1 Handvoll Haselnüsse
12 Scheiben Roastbeef
1 Schälchen Kresse

Dressing:
150 g saure Sahne
2–3 EL Meerrettich aus dem Glas
3 EL weißer Balsamicoessig
3 EL Öl
Salz
frisch gemahlener Pfeffer

Für den Salat den Feld- und Radicchiosalat putzen, waschen und trockenschleudern. Den Radicchiosalat in Streifen schneiden. Die Birnen halbieren, entkernen und in dünne Spalten schneiden. Mit dem Zitronensaft beträufeln. Die Haselnüsse in einer Pfanne ohne Fett anrösten. Abkühlen lassen und hacken.
Für das Dressing die saure Sahne mit Meerrettich, weißem Balsamico und Öl vermengen. Mit Salz und Pfeffer würzen.
Den Salat mit den Birnenspalten und den Roastbeefscheiben anrichten. Das Dressing darüberträufeln. Mit den Haselnüssen und der Kresse bestreuen.

Kartoffel-Radicchio-Salat mit Kürbiskernen und Blutwurst

Für 4-6 Personen | gut vorzubereiten

Salat:
1 kg festkochende Kartoffeln
1 kleiner Kopf Radicchio
1 Bund Frühlingszwiebeln
1 Bund Schnittlauch
50 g Kürbiskerne

Dressing:
1 Zwiebel
1 TL Senf
100 ml Gemüsebrühe
100 ml milder Weißweinessig
6 EL Raps- oder Kürbiskernöl
1 Apfel

Außerdem:
Salz
frisch gemahlener Pfeffer
400 g Blutwurst

Für den Salat die Kartoffeln waschen und gründlich abbürsten. In einem Topf mit etwas Salzwasser in 20–30 Minuten gar kochen. Abgießen und kurz kalt abschrecken. Den Deckel wieder auflegen, damit die Schale nicht antrocknet. Die Kartoffeln sofort pellen.

Für das Dressing in der Zwischenzeit die Zwiebel schälen und fein würfeln. 1 EL Öl in der Pfanne erhitzen und die Zwiebel darin anschwitzen. Den Senf zugeben und die Gemüsebrühe, den Weißweinessig und das Öl unterrühren. Das Dressing kurz erhitzen. Den Apfel schälen, fein reiben und unterheben. Das Dressing mit Salz und Pfeffer kräftig würzen. Die Kartoffeln in Scheiben schneiden, direkt in das heiße Dressing geben und etwa 30 Minuten durchziehen lassen. Inzwischen den Radicchio putzen, waschen, trockenschleudern und in Streifen schneiden. Die Frühlingszwiebeln putzen, waschen und in feine Ringe schneiden. Den Schnittlauch waschen, trockentupfen und in feine Röllchen schneiden. 2 EL davon für die Garnitur beiseitestellen. Die Kürbiskerne in einer Pfanne trocken anrösten. Den Radicchio, die Frühlingszwiebeln, den Schnittlauch und die Kürbiskerne unter den Kartoffelsalat heben.

Die Blutwurst in Scheiben schneiden und in einer Pfanne ohne Fett bei mittlerer Hitze von beiden Seiten etwa 4–5 Minuten braten. Nach Belieben den Kartoffelsalat lauwarm oder kalt dazu servieren und mit dem restlichen Schnittlauch garnieren.

Fragen Sie beim Metzger nach Blutwurst, die beim Braten nicht zerfällt. Sollte diese nicht erhältlich sein, können Sie auch normale Bratwurst zum Salat servieren.

Kalbschwanzsuppe
mit Wurzelgemüse und Meerrettich

Für 6 Personen | klassisch

2 kg Kalbs- oder Ochsenschwanz, vom Metzger zerteilen lassen

2 Zwiebeln

3 Knoblauchzehen

6 Möhren

4 Petersilienwurzeln

6 Stangen Staudensellerie

Salz

1 EL Pfefferkörner

2 Lorbeerblätter

1 TL Wachholderbeeren

3 Kartoffeln

1 Handvoll Kräuter nach Belieben, wz.B. Schnittlauch, Petersilie, Dill oder Kerbel

frisch geriebener Meerrettich, nach Belieben

Den Kalbschwanz trockentupfen und in einen großen Suppentopf geben. Mit 3 l Wasser auffüllen. Aufkochen und dabei immer wieder abschäumen.

Die Zwiebeln halbieren und die Schnittflächen in einer Pfanne ohne Fett dunkel rösten. Knoblauchzehen halbieren. Die Möhren und Petersilienwurzeln schälen, die Hälfte beiseite legen. Die andere Hälfte grob würfeln. Die Selleriestangen waschen, die Hälfte beiseite legen. Übrigen Sellerie grob schneiden. Die Zwiebeln, die Knoblauchzehen und die groben Gemüsewürfel, Pfefferkörner, Lorbeerblätter und Wachholderbeeren zum Kalbschwanz geben, leicht salzen und die Suppe 2–3 Stunden bei kleiner Hitze köcheln lassen. Verkochte Flüssigkeit nachfüllen.

In der Zwischenzeit die Kartoffeln schälen, waschen und mit dem übrigen Gemüse fein würfeln. Die Kräuter waschen, trockenschleudern, die Blätter zupfen und fein schneiden. Die Suppe durch ein feines Sieb passieren. Das Fleisch dabei herausnehmen, leicht abkühlen lassen, vom Knochen lösen und in Stücke schneiden.

Die Gemüse- und Kartoffelwürfel in die Suppe geben, aufkochen und garen, bis sie weich ist. Mit Salz und Pfeffer abschmecken. Das Fleisch hineingeben und die Suppe anrichten. Mit den gehackten Kräutern und nach Belieben frisch geriebenem Meerrettich bestreuen.

Möhren-Orangen-Suppe

Für 4 Personen | vegetarisch

500 g Möhren
3 Orangen, 1 davon unbehandelt
1 Zwiebel
3 Zweige Thymian
2 EL Butter
1 EL Honig
Salz
frisch gemahlener Pfeffer
3 EL Crème fraîche
1 Messerspitze Cayennepfeffer

Die Möhren waschen, schälen und klein schneiden. Die unbehandelte Orange waschen, trockentupfen, die Schale fein abreiben und beiseitestellen. Wie die übrigen Orangen halbieren und auspressen. Die Zwiebel schälen und klein würfeln. Den Thymian waschen und trockentupfen. Die Butter in einem Topf erhitzen und die Zwiebel darin anschwitzen, Möhren, Honig und Thymianzweige zugeben und mitschwitzen. Mit dem Orangensaft ablöschen, mit 600 ml Wasser auffüllen und mit Salz würzen. Bei geschlossenem Deckel 20–25 Minuten garen, danach sollten die Möhren weich sein. Den Thymianzweig entfernen und die Suppe fein pürieren, mit Pfeffer und Salz würzen.

Die Crème fraîche mit Salz, Cayennepfeffer und der beiseitegestellten Orangenschale verrühren. Die Suppe in Suppentellern anrichten und jeweils mit einem Klecks Crème fraîche garnieren.

Noch würziger wird die Suppe, wenn man 20 g frisch geriebenen Ingwer oder eine Zimtstange mitkocht. Für eine sättigende Suppe 300 g gedünstete Möhrenscheiben und 300 g kurz angebratenes Hähnchenfleisch in Würfeln dazugeben.

Kürbispie mit Paprika und Chili

Für eine 26er Pieform | raffiniert

Teig:
200 g Mehl
200 g kalte Butter
200 g kalter Magerquark

Füllung:
1 Hokkaido, ca. 1 kg
2 rote Paprika
1–2 rote Chilis
1 große Zwiebel
1 Knoblauchzehe
100 g Parmesan
3 Eier
250 g Sahne
frisch gemahlener Pfeffer

Außerdem:
Salz
Mehl zum Bearbeiten
Butter zum Einfetten
1 Eigelb
2 EL Milch

Für den Teig das Mehl, die Butter in Flöckchen, den Magerquark und 1/2 TL Salz rasch zu einem Teig verkneten. Den Teig rundherum bemehlen, flach drücken und in einer Frischhaltedose etwa 1 Stunde kalt stellen.

Für die Füllung den Hokkaido waschen, halbieren, die Kerne entfernen und das Fruchtfleisch grob raspeln. Die Paprika und Chilis ebenfalls waschen, halbieren, entkernen und in feine Streifen schneiden. Die Zwiebel schälen, halbieren und in Scheiben schneiden. Den Knoblauch schälen und fein würfeln. Den Parmesan fein reiben.

Für den Guss Eier und Sahne verquirlen. Alle Zutaten damit vermengen und kräftig mit Salz und Pfeffer abschmecken. Den Backofen auf 170 Grad Intensivbacken vorheizen. Eine 26er Pie- oder Springform mit Butter einfetten und mit Mehl ausstäuben.

Den Teig auf einer bemehlten Arbeitsfläche ca. 4 mm dünn ausrollen (Bild1). In die vorbereitete Form legen und den Rand mit einem scharfen Messer bündig schneiden (Bild 2). Die Füllmenge hineingeben. Aus dem restlichen Teig mit Ausstechförmchen kleine Blätter ausstechen (Bild 3) und leicht überlappend am Rand entlang legen (Bild 4). 8 weitere Blätter ausstechen (Bild 5) und in der Mitte zu einer Blüte legen (Bild 6). Das Eigelb und die Milch verquirlen und die Teigoberflächen damit bestreichen. Die Pie auf der untersten Schiene im vorgeheizten Backofen etwa 50–60 Minuten garen. Dazu einen Feldsalat mit Kürbiskernen und Kürbiskernöl-Vinaigrette servieren.

Je kälter der Teig ist, umso besser lässt er sich verarbeiten. Stellen Sie ihn zum Kühlen ruhig für eine Stunde in den Gefrierschrank.

Steinpilzrisotto

Außerhalb der Steinpilzsaison ist das Risotto auch köstlich mit Kräuterseitlingen oder braunen Champignons.

Für 4 Personen | klassisch

300 g Risottoreis
300 g Steinpilze
2 Zweige Thymian, Rosmarin oder Salbei
2 Zwiebeln
8 EL Butter
800 ml Geflügelbrühe
50 g Parmesan
Salz
frisch gemahlener Pfeffer

Die Steinpilze putzen und in Scheiben schneiden. Thymian, Rosmarin oder Salbei abbrausen, trockentupfen, die Blättchen bzw. Nadeln abzupfen und fein hacken. Die Zwiebeln schälen und fein würfeln. In 2 EL Butter glasig dünsten. Den Risottoreis dazugeben und 1 Minute mitdünsten. 2 Schöpfkellen Geflügelbrühe angießen und unter Rühren einkochen lassen. Den Vorgang wiederholen, bis der Reis gar ist, aber noch einen bissfesten Kern hat. Das dauert etwa 15 Minuten. Den Parmesan fein reiben. Die Steinpilze in 2 EL Butter anbraten. Mit der restlichen Butter und dem Parmesan unter den Reis heben. Salzen, pfeffern und mit frischem Thymian oder Rosmarin garnieren.

TIPP Noch aromatischer wird das Risotto, wenn man den Reis erst mit 100 ml trockenem Weißwein ablöscht und zusätzlich 10 g getrocknete Steinpilze mitgart.

Feigenflammkuchen mit Thymianhonig

Für 1 Blech | fix und fertig

Teig:
200 g Mehl
2 EL Öl
½ TL Salz

Belag:
6 Feigen
2 rote Zwiebeln
150 g Schmand
100 g Ziegenfrischkäse
Salz
frisch gemahlener Pfeffer
½ Bund Thymian
1 EL Honig

Für den Teig das Mehl, 100 ml lauwarmes Wasser, Öl und Salz in eine Schüssel geben. Alle Zutaten zu einem Teig vermengen. Kräftig kneten, bis er seidig glänzt. Abgedeckt etwa 30 Minuten ruhen lassen. Den Backofen auf 250 Grad vorheizen und ein Backblech einfetten. Den Teig auf etwas Mehl dünn ausrollen und auf das gefettete Backblech legen.

Für den Belag die Feigen waschen und den Stiel entfernen. Die Früchte in Scheiben schneiden. Die Zwiebeln schälen und in Ringe schneiden. Den Teig mit Schmand bestreichen und mit Feigen und Zwiebeln belegen. Den Ziegenkäse darüberbröckeln. Mit Salz und Pfeffer würzen. Im vorgeheizten Backofen etwa 12 Minuten backen. Inzwischen den Thymian waschen, trockentupfen und die Blättchen abzupfen. Den Honig mit den Thymianblättchen erwärmen und über den fertigen Flammkuchen träufeln.

Orecchiette mit Pfifferlingen

Für 4 Personen | für Gäste

500 g Orecchiette
300 g Pfifferlinge
Salz
1 Zwiebel
100 g Frühstücksbacon
1 Bund Schnittlauch
6 EL Olivenöl
frisch gemahlener Pfeffer
50 g Parmesan

Die Orecchiette in reichlich kochendem Salzwasser nach Packungsanweisung bissfest garen. Anschließend abgießen und abtropfen lassen.
Die Pfifferlinge mit einem Pinsel abbürsten oder mit einem feuchten Tuch abreiben, gröberen Schmutz mit einem kleinen Küchenmesser abschneiden. Je nach Größe halbieren. Die Zwiebel schälen und klein schneiden. Den Bacon klein würfeln. Den Schnittlauch waschen, trockentupfen und in feine Röllchen schneiden.
2 EL Olivenöl in einer Pfanne erhitzen und die Pfifferlinge darin kurz scharf anbraten. Mit Salz und Pfeffer würzen, aus der Pfanne heben und beiseitestellen.
Das restliche Olivenöl in der Pfanne erhitzen, Zwiebel und Bacon darin goldbraun anbraten. Die Orecchiette zugeben und unterschwenken. Die Pfifferlinge und den Schnittlauch zufügen. Mit Salz und Pfeffer würzen. Zum Anrichten den Parmesan über die Orecchiette hobeln.

Pfifferlinge und andere Pilze nicht waschen. Sie werden dadurch wässrig und lassen sich nicht mehr gut braten. Zum Anbraten der Pfifferlinge immer eine ausreichend große Pfanne verwenden, sodass sie nicht übereinanderliegen. Die kleinen Exemplare sind oft fester, lassen sich dadurch besser braten.

Balsamico-Linsen mit Lachs

Für 4 Personen | raffiniert

Lachs:
800 g Lachsfilet
1 Knoblauchzehe
2 EL Limettensaft
3 EL Sojasoße
1 TL Honig

Balsamico-Linsen:
300 g Linsen, Pardina oder Puy
4-5 EL roter Aceto balsamico
4 große Zwiebeln
1 Knoblauchzehe
4 Möhren
2 Pastinake
4 Stangen Staudensellerie
1 EL Olivenöl
600 ml Gemüsebrühe
2-3 EL Honig
Salz
frisch gemahlener Pfeffer
junges Grün von Staudensellerie oder Petersilie

Für den Lachs die Knoblauchzehe schälen und fein würfeln. Mit dem Limettensaft, der Sojasoße und dem Honig verrühren. Den Lachs trockentupfen, in 4 gleichgroße Stücke schneiden und mit der Marinade bestreichen. Mindestens 30 Minuten marinieren. Den Backofengrill auf 220 Grad vorheizen. Ein Backblech mit Backpapier auslegen.

Für die Linsen diese in ein Sieb geben, unter fließendem Wasser abbrausen und abtropfen lassen. Die Zwiebeln und die Knoblauchzehe schälen und fein würfeln. Die Möhren und die Pastinake schälen und in 5 mm dicke Scheiben schneiden. Die Stangen des Staudenselleries waschen. Wenn junge Blätter vorhanden sind einige in Streifen schneiden und beiseite stellen. Die Fäden ggf. abziehen und das Gemüse in 5 mm dicke Scheiben schneiden.

Den Schnellkochtopf erhitzen, das Öl hineingießen und das Gemüse darin ohne Farbe anschwitzen. Die Linsen und die Gemüsebrühe dazugeben. Den Topf nach Anleitung verschließen, Garstufe 2 einstellen und bei großer Hitze Druck aufbauen lassen. Sobald der 2. Ring sichtbar ist beginnt die eigentliche Garzeit von 10 Minuten (im normalen Topf 30 Minuten). Die Temperatur nun so runterregulieren, dass genau der 2. Ring sichtbar bleibt. Nach Ende der Garzeit den Topf abdampfen lassen und dann erst öffnen. Das Linsengemüse mit Aceto Balsamico, Honig, Salz und Pfeffer abschmecken.

In der Zwischenzeit die Lachsstücke auf das Backblech legen und auf der 2. Schiene von oben im Backofen 7–9 Minuten grillen.

Die Balsamico-Linsen auf Tellern anrichten. Den Lachs drauf legen und mit dem Selleriegrün oder Petersilie garnieren.

Scharfer Meeresfrüchte-Wok

Für 4 Personen | raffiniert

**250 g Garnelen,
aufgetaut, küchenfertig
geschält und entdarmt**

5 Calamari

**500 g Miesmuscheln oder
Venusmuscheln**

1 kleine Chili

1 Knoblauchzehe

3 Stangen Staudensellerie

2 EL Maiskeimöl

1 EL Tomatenmark

100 ml Weißwein

Salz

frisch gemahlener Pfeffer

150 g Kirschtomaten

1 Baguette, in Scheiben

Die Garnelen abbrausen und trockentupfen. Die Calamari putzen. Dafür den Kopf mit den Tentakeln samt Innerem aus den Tuben ziehen. Die Tuben gründlich auswaschen, trockentupfen und den Schild (durchsichtiges Rückgrat) herausziehen. Die Tuben in Ringe schneiden. Die Tentakeln abschneiden und beiseitelegen. Die Muscheln in kaltem Wasser waschen und geöffnete Muscheln aussortieren.

Die Chili waschen, halbieren, entkernen und fein hacken. Die Knoblauchzehe schälen und würfeln. Den Sellerie waschen, die Fäden abziehen und die Stangen in Scheiben schneiden. Den Wok erhitzen. 1 EL Öl hineingeben und die Garnelen darin unter Wenden 1 Minute scharf anbraten. Die Garnelen auf den Rand des Woks schieben. Die Calamariringe und die Tentakel zugeben und ebenfalls 1 Minute scharf anbraten. Ebenfalls auf den Rand schieben. Das übrige Öl zugeben und erhitzen. Chili, Knoblauch und Tomatenmark anrösten. Den Sellerie zugeben und 1–2 Minuten anbraten. Alle Zutaten in der Mitte mischen und mit Weißwein ablöschen. Die Muscheln darüber verteilen und mit Salz und Pfeffer würzen. Abgedeckt etwa 5 Minuten, bis alle Muscheln geöffnet sind, köcheln lassen. Inzwischen die Kirschtomaten waschen und halbieren. Zuletzt zugeben und untermengen. Mit Baguette servieren.

Sauerbraten

Für 6 Personen | braucht etwas Zeit

1,5 kg Rinderschmor-
braten, z. B. aus der
Schulter oder Tafelspitz
1 Bund Suppengemüse
je 3 Gewürznelken
Wacholderbeeren
3 Pimentkörner
5 schwarze Pfefferkörner
750 ml Rotwein
300 ml Apfelessig
1 Lorbeerblatt
Salz
frisch gemahlener
Pfeffer
2 EL Butterschmalz
2 EL Tomatenmark
2–3 EL Ahornsirup

TIPP 150 g Rosinen in
200 ml Wasser über
Nacht einweichen. Einweich-
wasser abgießen und die
Rosinen nach dem Passieren
mit zur Soße geben.

3–4 Tage vor der Verwendung den Rinder-
schmorbraten trockentupfen und in ein
dicht verschließbares Behältnis legen.
Das Suppengemüse waschen, putzen und in
walnussgroße Stücke schneiden.
Nelken, Wacholder, Pimentkörner und
Pfeffer in einem Mörser anstoßen und in
einem großen Topf anrösten. Rotwein,
Apfelessig, Gemüse und Lorbeerblatt
zugeben, einmal aufkochen lassen (Bild 1).
Vom Herd nehmen und die Marinade abkühlen lassen. Das Bratstück damit begießen, sodass der Braten vollständig damit
bedeckt ist (2). Abgedeckt 3–4 Tage durchziehen lassen, währenddessen einmal
täglich wenden.
Anschließend das Fleisch aus der Marinade
nehmen, trockentupfen, mit Salz und
Pfeffer würzen (3).
Die Flüssigkeit durch ein Sieb gießen und
auffangen. Das Gemüse gut abtropfen
lassen.
1 EL Butterschmalz in einem Bräter erhitzen
und das Fleisch darin von allen Seiten
scharf anbraten (4). 150 ml Wasser angießen und vollständig einkochen lassen. Das
Fleisch herausnehmen und beiseitestellen.

Restliches Butterschmalz in dem Bräter
erhitzen und das Gemüse 8–10 Minuten
darin anrösten.
Den Backofen auf 180 Grad vorheizen. Das
Tomatenmark mit 150 ml Marinade verrühren und zum angebratenen Gemüse geben
(5). Unter Rühren die Flüssigkeit einkochen
lassen und das Tomatenmark anrösten.
Erneut 200 ml Marinade angießen und das
Tomatenmark erneut anrösten lassen, bis
ein dunkler Bratensatz entstanden ist. Den
restlichen Sud angießen und das Fleisch
zugeben. Bei geschlossenem Deckel im
vorgeheizten Backofen 2 ½–3 Stunden
schmoren lassen. Währenddessen das
Fleisch einmal wenden. Das Fleisch ist gar,
wenn man mit einer Fleischgabel hineinstechen kann und das Fleisch sanft von der
Gabel rutscht (6). Aus dem Schmorsud
nehmen und abgedeckt warm halten.
Die Soße durch ein Sieb passieren, dabei ein
Drittel des Gemüses mit durchdrücken (7).
So bekommt sie eine natürliche Bindung. Die
Soße noch einmal kurz aufkochen und mit
Ahornsirup, Salz und Pfeffer abschmecken.
Dazu passen der Apfelrotkohl und die Sem-
melknödel von S. 136/137.

Rehmedaillons
mit glasiertem Spitzkohl

Für 4 Personen | für Gäste

Rehmedaillons:
1 kg Rehrücken
1 EL Butterschmalz
Salz
frisch gemahlener Pfeffer

Madeirasoße:
1 Zwiebel
1 Möhre
1 Scheibe Knollensellerie
1 EL Butterschmalz
Salz
frisch gemahlener Pfeffer
200 ml Madeira
400 ml Wildfond
1 TL Speisestärke

Spitzkohl:
1 kleiner Spitzkohl
1 Zwiebel
1 EL Butter
Salz
frisch gemahlener Pfeffer
1 TL Honig

Für die Rehmedaillons das Fleisch mit einem scharfen Messer häuten und in 3 cm dicke Scheiben schneiden.

Für die Madeirasoße die Zwiebel, die Möhre und das Stück Knollensellerie schälen und fein würfeln. In dem Butterschmalz andünsten. Salzen, pfeffern und mit Madeira sowie dem Wildfond ablöschen. In etwa 15 Minuten auf ein Drittel einköcheln lassen.

Den Spitzkohl putzen, halbieren und in feine Streifen schneiden. Dabei den Strunk herausschneiden. Die Zwiebel schälen und in Ringe schneiden. Spitzkohl und Zwiebelringe in der Butter 10 Minuten dünsten. Salzen und pfeffern. Den Honig dazugeben und mit dem Spitzkohl vermengen.

In einer Pfanne die Rehmedaillons in dem Butterschmalz von beiden Seiten kräftig anbraten. Mit Salz und Pfeffer würzen und auf ein Backblech legen. Im vorgeheizten Backofen bei 80 Grad warm stellen.

Die Speisestärke mit etwas Wasser glatt rühren. Das Wurzelgemüse samt Fond zum Bratensatz in der Pfanne geben und aufkochen. Unter Rühren die Stärke dazugeben und etwa 1 Minute köcheln lassen. Die Soße mit Salz und Pfeffer abschmecken.

Den Spitzkohl mit den Rehmedaillons und der Madeirasoße anrichten. Dazu passen Salzkartoffeln oder eine Polenta.

Bei 80 Grad gart das Rehmedaillon noch nach. Also nicht länger als 5–10 Minuten warm halten oder die Temperatur senken. Das Rezept lässt sich übrigens auch hervorragend mit Rinderfilet zubereiten.

Die Haselnüsse für den Rand auf ein kleines Blech geben und während der Boden backt, im Backofen mit anrösten. Für eine 28er Springform das Rezept einfach verdoppeln.

TIPP Die Torte über Nacht gut durchziehen lassen, die Preiselbeeren erst kurz vor dem Servieren auf die Creme streichen.

Birnen-Haselnuss-Torte mit Preiselbeeren

Für einen 20er Tortenring | gut vorzubereiten

Birnenfüllung:
500 g reife Birnen
½ Zitrone
300 ml Weißwein
3 EL Vanillezucker
1 Päckchen Vanille-
puddingpulver

**Schoko-
Haselnuss-Boden:**
4 Eier
Salz
60 g Puderzucker
140 g zimmerwarme
Butter
50 g Weizenmehl
1 TL Backpulver
2 EL Kakaopulver
100 g gemahlene
Haselnüsse

Verzierung:
100 g gehackte
Haselnüsse
200 ml Sahne
1 Päckchen Sahnesteif
2 EL Puderzucker
200 g Mascarpone
150 g Wildpreiselbeer-
Fruchtaufstrich

Außerdem:
1 verstellbarer Tortenring

Für die Füllung am Vortag Birnen waschen, schälen, entkernen und klein würfeln (Bild 1). Mit dem Zitronensaft mischen und kalt stellen.
Den Backofen auf 180 Grad (keine Umluft) vorheizen.
Für den Schoko-Haselnuss-Boden die Eier trennen. Das Eiweiß mit 1 Prise Salz und der Hälfte des Puderzuckers steif schlagen. Die Butter und den restlichen Puderzucker mit den Schneebesen des Handrührgerätes schaumig schlagen. Eigelb unter die aufgeschlagene Butter rühren. Mehl, Backpulver und Kakaopulver mischen, sieben und unter die Buttermischung rühren (2). Eischnee und gemahlene Haselnüsse abwechselnd in 2 Portionen unter die Masse heben.
Den Boden der Springform mit Backpapier auslegen, den Teig einfüllen und glatt streichen (3). Im vorgeheizten Backofen 30 Minuten backen.
Inzwischen für die Birnenfüllung Weißwein mit Vanillezucker zum Kochen bringen. Puddingpulver mit 3 EL Wasser anrühren, zum Weißwein geben und unter Rühren

1 Minute kochen lassen. Die Birnenwürfel zugeben, kurz aufwallen lassen und vom Herd nehmen (4).
Den abgekühlten Boden aus der Form lösen, einmal horizontal halbieren und die untere Hälfte auf eine Kuchenplatte legen. Den Tortenring straff um den Boden spannen. Die Birnenmasse daraufgeben, glatt streichen und den zweiten Boden umgedreht obenauf legen (5). Gut andrücken und 2–3 Stunden kalt stellen.
Für die Verzierung inzwischen die Haselnüsse in einer Pfanne ohne Fett goldbraun anrösten und abkühlen lassen. Die Sahne anschlagen, Sahnesteif mit Puderzucker mischen, zur Sahne geben und steif schlagen. Mascarpone 1 Minute schaumig schlagen und die Sahne unterheben.
Zwei Drittel der Sahne auf der Torte verstreichen, die restliche Creme gleichmäßig auf dem Rand verteilen und glatt streichen (6). Die gehackten Haselnüsse rundherum gleichmäßig verteilt in die Sahne drücken (7). Die Preiselbeeren glatt rühren und auf die Tortenoberfläche streichen (8).

Orientalischer Orangenkuchen mit Kardamomsirup

Für 1 Kranzform à ca. 2,4 l | raffiniert

Teig:

2 große unbehandelte Orangen
1 TL Backpulver
6 Eier
220 g Zucker
150 g feiner Hartweizengrieß
150 g gemahlene, geschälte Mandeln
½ TL gemahlener Kardamom

Sirup:

2 große unbehandelte Orangen
½ Zitrone
1 Vanilleschote
110 g Zucker
½ TL gemahlener Kardamom

Außerdem:

Butter und Mehl für die Form

Für den Teig die Orangen waschen, in einen Topf geben, mit Wasser bedecken, aufkochen und 1 ½ Stunden köcheln lassen. Abgießen und abkühlen lassen.

Den Backofen auf 180 Grad vorheizen. Die Kranzform mit etwas Butter einfetten und mit Mehl ausstäuben.

Die Ober- und Unterseiten der gegarten Orangen abschneiden, die Früchte halbieren und die Kerne entfernen. Die Früchte samt Schale mit dem Pürierstab fein pürieren. Das Backpulver untermischen.

In einer 2. Schüssel die Eier verquirlen, dabei den Zucker einrieseln lassen. 6 Minuten zu einer dickcremigen Masse aufschlagen. Die pürierten Orangen, den Hartweizengrieß, die gemahlenen Mandeln und den gemahlenen Kardamom unterheben. Den Teig in die Form füllen. Im vorgeheizten Backofen ca. 55 Minuten garen. Mit einem Holzstäbchen eine Garprobe machen. Sobald der Kuchen gar ist, diesen aus dem Ofen nehmen und ca. 45 Minuten in der Form ruhen lassen. Danach auf eine Kuchenplatte stürzen.

Für den Sirup die Orangen waschen und die Schale einer Frucht mit einem Zestenreißer oder einer Reibe fein abschälen. Die Schale der anderen Frucht mit einem Gemüseschäler ohne das Weiße in einem Stück spiralförmig abschneiden. Den Saft einer Orange und den der Zitrone auspressen, die andere Orange anderweitig verwenden. Die Vanilleschote halbieren und das Mark mit einem Messerrücken herauskratzen.

In einem Topf Zucker, 125 ml Wasser, Zitronensaft, Orangensaft, Orangenzesten, die lange Orangenschale, Kardamom, Vanilleschote und -mark erhitzen. Ohne Deckel leicht sirupartig einköcheln lassen. Nach dem Abkühlen dickt der Sirup noch etwas an. Die Vanilleschote entfernen. Den Sirup durch ein feines Sieb seihen und in ein Servierkännchen füllen. Orangenzesten und –schale im Sieb gut abtropfen lassen, dann dekorativ auf den Kuchen legen und ihn warm oder kalt servieren. Den Sirup separat dazu reichen. Dazu passt Vanille- oder Zimteis.

Birnen
in Zimt-Blätterteig mit Karamellsoße

Für 4 Personen | preiswert

Zimt-Blätterteig:
2 Scheiben Blätterteig
1 Eigelb
1 EL Zucker
2 Msp. Zimt

Füllung:
5 Birnen
6 Blatt weiße Gelatine
1 Zitrone
½ Flasche Weißwein
175 g Zucker
4 Eigelb
300 ml Sahne

Karamellsoße:
150 g Zucker
3 EL Wasser
150 ml Sahne

Außerdem:
Pappe für die Schablone und Minze zum Garnieren

Den Backofen auf 180 Grad vorheizen.

Für den Blätterteig eine Birnenschablone aus Pappe herstellen. Auf den Blätterteig legen und mit einem scharfen Messer 4 Birnen ausschneiden. Auf ein mit Backpapier ausgelegtes Backblech legen und mit Eigelb bestreichen. Den Rand frei lassen, da er sonst nicht aufgeht. Zucker und Zimt vermischen und darüberstreuen. Den Blätterteig 15 Minuten backen. Dann die Temperatur auf 150 Grad senken und den Teig goldbraun und knusprig werden lassen.

Für die Füllung die Gelatineblätter in kaltem Wasser einweichen.

Die Birnen schälen, dabei die Stiele dranlassen. Die Früchte halbieren und entkernen. Die Zitrone auspressen. Den Saft, Weißwein und 100 g Zucker aufkochen und alle Birnenhälften 10–20 Minuten darin bissfest garen. Herausnehmen und die 4 Hälften mit Stiel zur Seite legen.

Die restlichen Birnen pürieren, 200 g des Pürees abwiegen und die Gelatine darin auflösen.

Eigelb und 75 g Zucker dickschaumig schlagen. Das Birnenpüree unterrühren.

Die Sahne schlagen und unter die zu stocken beginnende Masse heben. Kalt stellen.

Für die Karamellsoße in einer Pfanne den Zucker in Wasser auflösen und karamellisieren lassen. Mit Sahne ablöschen und dickflüssig einkochen lassen.

Die Blätterteigbirnen waagerecht durchschneiden. Auf die unteren Hälften jeweils 2 EL Birnencreme streichen und eine in Spalten geschnittene Birnenhälfte darauf verteilen. Mit den oberen Blätterteighälften belegen und mit Minze garnieren. Die Karamellsoße dazu servieren.

 TIPP Die Birnen in Zimt-Blätterteig schmecken hervorragend zum Kaffee oder als Dessert.

Walnuss-Krokant-Eis

Für 4 Personen | **braucht etwas Zeit**

80 g Walnüsse
100 g Zucker
250 ml Sahne
125 ml Milch
3 Eigelb
25 g Vollmilchkuvertüre

Für den Krokant die Walnüsse hacken und ohne Fett in einer Pfanne anrösten und in eine Schüssel geben. In der Pfanne 30 g Zucker karamellisieren lassen. 40 g der Walnüsse dazugeben, verrühren und auf ein gefettetes Backpapier geben. Die Masse abkühlen lassen und hacken.

In einem Topf die Sahne, Milch, restliche Walnüsse und 70 g Zucker zusammen aufkochen. 2 Stunden ziehen lassen und anschließend pürieren.

Die Eigelbe in eine Schüssel geben. Die Nusssahne nochmals aufkochen und nach und nach unter ständigem Rühren unter das Eigelb schlagen. Die Masse auf dem heißen Wasserbad weiter aufschlagen, bis sie dicklich wird. Die Kuvertüre hacken, zufügen und schmelzen lassen.

Die abgekühlte Creme in der Eismaschine gefrieren lassen. Das Walnusskrokant in die gefrorene Eismasse heben, oder über das Eis streuen.

 TIPP Zum Verfeinern etwas Walnussbrand unter die Eismasse rühren.

Heiße Chilischokolade

Für 2 Personen | raffiniert

1 rote Thai-Chili
100 g Halbbitterschokolade
100 ml Sahne
1 TL Zucker
400 ml Milch

Außerdem:
Schokoröllchen zum Garnieren

Die Thai-Chili waschen, halbieren, mit einem Teelöffel entkernen und sehr fein würfeln.

Die Schokolade hacken. Die Sahne mit dem Zucker steif schlagen.

Die Milch erhitzen. Die Chiliwürfel je nach gewünschter Schärfe zur Schokolade dazugeben. Verrühren, bis die Schokolade geschmolzen ist.

Die heiße Chilischokolade in Gläser füllen. Mit Sahne, Schokoröllchen und Chilistreifen garnieren.

Winter

Der Winter hat seine ganz eigenen Genüsse zu bieten.
Verschiedenste Kohl- und Wurzelgemüsesorten lassen sich
in feine Wohlfühlgerichte verwandeln. Und vielleicht möchten Sie
ja auch schon damit beginnen, die ersten Weihnachtsgeschenke
aus der Küche vorzubereiten oder sich Zeit nehmen
für eine festliche Torte bzw. ein besonders edles Dessert.

Frischkäsenocken auf Orangen-Carpaccio

Für 4-6 Personen | vegetarisch

Frischkäsenocken:
300 g Frischkäse
1 Bund Petersilie
3 Zweige Thymian
1 Zweig Rosmarin
1 Knoblauchzehe
½ Zitrone
150 g Pistazienkerne

Orangen-Carpaccio:
3 Orangen
100 g frischer Rotkohl
2 EL Weißweinessig
Zucker
4 EL Olivenöl
100 g junge Salatblätter z.B. Baby Leaves

Außerdem:
Salz, frisch gemahlener Pfeffer

Für die Frischkäsenocken die Petersilie, den Thymian und den Rosmarin waschen und trockentupfen. Die Blätter bzw. Nadeln von den Kräutern abzupfen und fein hacken. Den Knoblauch schälen und fein hacken. Den Frischkäse mit Salz, Pfeffer und etwas Zitronensaft würzen. Die gehackten Kräuter und den Knoblauch unterrühren. Die Pistazienkerne fein hacken. Aus der Frischkäsemasse mit 2 Teelöffeln Nocken ausstechen und kalt stellen.

Für das Carpaccio die Orangen samt der weißen Haut schälen und in dünne Scheiben schneiden. Die Scheiben auf 4 Vorspeisentellern auslegen. Den Rotkohl in dünne Streifen hobeln. Den Weißweinessig mit Salz, Pfeffer und einer Prise Zucker würzen und das Olivenöl unterrühren. Die Salatblätter waschen und trockenschleudern. Mit den Rotkohlstreifen und dem Dressing mischen und auf den Orangenscheiben verteilen. Die Nocken in den Pistazien wälzen und dazulegen. Mit gemahlenem Pfeffer bestreuen.

Wurzelgemüsesalat mit Entenbrust

Für 4 Personen | gut vorzubereiten

3 Möhren
3 Pastinaken
3 kleine rote Beten
2 Zwiebeln
¼ Knollensellerie
½ Bund Thymian
Salz
frisch gemahlener Pfeffer
8 EL Haselnussöl
100 g Feldsalat
2 EL grob gehackte Haselnüsse
400 g Entenbrust
8 EL weißer Balsamicoessig

Den Backofen auf 200 Grad vorheizen. Möhren und Pastinaken waschen, schälen und längs vierteln. Rote Beten, Zwiebeln und Knollensellerie schälen und in Spalten schneiden. Den Thymian waschen, trockentupfen und die Blättchen abzupfen. Mit dem Gemüse auf ein mit Backpapier ausgelegtes Backblech legen. Mit Salz, Pfeffer und 5 EL Haselnussöl vermengen. Im vorgeheizten Backofen etwa 30 Minuten garen.
Den Feldsalat putzen, waschen und trockenschleudern. Die Haselnüsse in einer Pfanne ohne Fett anrösten.
Die Entenbrust trockentupfen, salzen und pfeffern. In einer Pfanne, zuerst auf der Hautseite und dann auf der Fleischseite, jeweils 3 Minuten kräftig anbraten. Dann in 8–10 Minuten gar ziehen lassen.
Das Gemüse aus dem Ofen nehmen und mit 6 EL Balsamico begießen, vermengen und durchziehen lassen. Mit dem Feldsalat auf Tellern verteilen.
Den Gemüsesud vom Blech mit dem restlichen Essig, Salz, Pfeffer und Öl verquirlen.
Die Entenbrust in Scheiben schneiden, auf dem Salat anrichten und das Dressing darüberträufeln. Mit den Haselnüssen bestreuen und heiß oder lauwarm servieren.

Rote-Bete-Schichtsalat mit Meerrettich-Dressing

Für 4 Personen | raffiniert

Salat:
400 g mittelgroße Knollen Rote Bete
Salz
1 großer saurer Apfel
½ Zitrone
60 g Haselnüsse
1 Päckchen Kresse

Dressing:
4 EL weißer Balsamico
4 EL Nussöl
2 TL Honig
150 g saure Sahne
1–2 EL frisch geriebener Meerrettich
Salz
frisch gemahlener Pfeffer

Für den Salat die Rote-Bete-Knollen von den Blättern befreien, waschen und in gesalzenem Wasser 50–60 Minuten gar kochen. Aus dem Wasser nehmen, die Schale abziehen und die Bete fein würfeln.

Inzwischen den Apfel waschen, entkernen und ebenfalls in feine Würfel schneiden. Mit etwas Zitronensaft beträufeln. Die Haselnüsse grob hacken, in einer Pfanne ohne Fett rösten und 1 EL für das Dressing beiseite stellen.

Für das Dressing den weißen Balsamico, das Nussöl, den Honig und die Nüsse pürieren. Die saure Sahne und den Meerrettich unterheben und alles mit Salz und Pfeffer abschmecken. Jeweils die Hälfte der Apfel- und der Rote-Bete-Würfel sowie des Dressings in 4 Gläser schichten. Mit einigen Haselnüssen und etwas Kresse bestreuen. Jeweils eine Schicht Dressing darüber geben und mit den Haselnüssen und der Kresse bestreuen. Erst die restlichen Apfelwürfel und dann die Rote Bete darüber schichten. Jede Portion mit einen Klecks Dressing, etwas Kresse und den restlichen Haselnüssen garnieren.

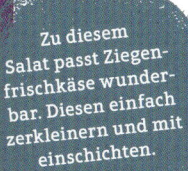

Zu diesem Salat passt Ziegenfrischkäse wunderbar. Diesen einfach zerkleinern und mit einschichten.

Schwarzwurzel-Zitronensuppe
mit Räucheraal

Für 4 Personen | gut vorzubreiten

1,2 kg Schwarzwurzeln
1 1/2 unbehandelte Zitronen
1 EL Butter
Zucker
Salz
Raz el Hanout
200 ml Gemüsebrühe
300 ml Milch
2 EL geschlagene Sahne
200 g Räucheraal

Eine Zitrone heiß abwaschen, halbieren und auspressen. Die Schwarzwurzeln waschen und schälen. Dazu Handschuhe tragen, da der Saft sehr klebrig ist, färbt und sich schlecht abwaschen lässt. Die Schwarzwurzeln sofort bis zur Verwendung mit dem Saft der Zitrone und etwas Wasser bedecken.

Die übrige halbe Zitrone waschen, die Schale fein abreiben und den Saft auspressen.

Die Schwarzwurzeln in 1 cm dicke Stücke schneiden. Die Butter in einem großen Topf erhitzen und die Schwarzwurzeln darin unter Rühren anschwitzen. Mit einer Prise Zucker, Salz und Raz el Hanout bestreuen und kurz weiterrühren. Die Brühe und die Milch angießen. Den Zitronenabrieb dazugeben. Aufkochen und 15 Minuten köcheln lassen.

Die Suppe pürieren und mit Salz, Zucker, Raz el Hanout und etwas Zitronensaft abschmecken. Kurz vor dem Servieren die geschlagene Sahne einrühren. Den Aal in mundgerechte Stücke zupfen und zur Suppe servieren.

Rosenkohlsuppe mit Kokosmilch

Für 4 Personen | preiswert

1 kg Rosenkohl
2 Zwiebeln
1–2 cm Ingwer
1 EL Butter
2 EL Currypulver
Salz
frisch gemahlener Pfeffer
800 ml Gemüsebrühe
400 ml Kokosmilch
1 Zitrone
2 EL gesalzene Erdnüsse

Den Rosenkohl waschen, putzen und halbieren. Die Zwiebeln schälen und würfeln. Den Ingwer schälen und fein reiben.

In einem Topf die Butter erhitzen und die Zwiebeln darin glasig dünsten. Den Ingwer, das Currypulver und den Rosenkohl dazugeben. Salzen, pfeffern und die Gemüsebrühe angießen. Aufkochen und im geschlossenen Topf in etwa 5–10 Minuten bissfest garen. Ein Drittel des Rosenkohls aus der Suppe nehmen und zur Seite stellen. Die Kokosmilch in die Suppe geben und sie weitere 10 Minuten kochen lassen, bis der Rosenkohl weich ist. Pürieren und mit dem Zitronensaft abschmecken.

In der Zwischenzeit die Erdnüsse hacken. In einer Pfanne ohne Fett anrösten. Die Rosenkohlhälften dazugeben und kurz anbraten. Die Suppe in Suppenschalen füllen und mit Rosenkohl und Erdnüssen garnieren.

Kabeljau mit Estragon und Speck

Für 4 Personen | für Gäste

4 Kabeljaufilets ohne Haut,
ca. 150–200 g

1–2 unbehandelte Orangen

3–4 Zweige Estragon

1 Knoblauchzehe

Salz

frisch gemahlener bunter Pfeffer

8 Scheiben dünn geschnittener,
durchwachsener Speck

1 EL Olivenöl

1 EL Butter

Die Orangen mit der weißen Haut schälen und filetieren.
Den Estragon waschen und trockenschütteln. Von der
Hälfte der Zweige die Blättchen abzupfen und fein hacken.
Die Knoblauchzehe schälen und halbieren.
Die Fischfilets trockentupfen und mit Salz und Pfeffer
würzen. Jeweils eine Seite mit Estragon bestreuen und mit
2–3 Orangenfilets belegen. Die Fischfilets samt Orangen-
filets mit je 2 Scheiben Speck vollständig einwickeln.
Das Olivenöl, die restlichen Kräuterzweige sowie die Knob-
lauchzehe in einer Pfanne erhitzen. Die Fischpäckchen
darin von allen Seiten kross anbraten. Temperatur zurück-
schalten und die Pfanne kurz vom Herd ziehen.
Die Butter hineingeben, schwenken und bei geringer
Temperatur 2 Minuten ziehen lassen. Fischpäckchen anrichten und mit der Butter aus der Pfanne beträufeln.
Sofort servieren.

Calvados-Hähnchen

Für 4 Personen | klassisch

1 küchenfertiges Hähnchen, ca. 1,5 kg
Salz
frisch gemahlener Pfeffer
4 Schalotten
2 Knoblauchzehen
200 g Champignons
30 g neutrales Pflanzenöl
1–2 Lorbeerblätter
4 cl Calvados
150 ml Hühnerbrühe
150 ml Cidre, ersatzweise Apfelsaft
150 g Crème fraîche
1 Zitrone
500 g säuerliche Äpfel
2–3 Stiele Petersilie
2 EL Butter

Das Hähnchen innen und außen waschen und trockentupfen. Mit einer Geflügelschere in 8 Teile schneiden und jeweils salzen und pfeffern.
Die Schalotten und den Knoblauch schälen und fein würfeln. Die Champignons mit feuchtem Küchenpapier abreiben, putzen und je nach Größe ganz belassen, halbieren oder vierteln.
Das Pflanzenöl in einem Bräter erhitzen und die Hähnchenteile darin in ca. 10 Minuten rundherum goldbraun anbraten, herausnehmen und auf einen Teller legen. Die Champignons mit den Schalotten und dem Knoblauch in dem verbliebenen Bratfett hell braten. Die Hähnchenteile zusammen mit den Lorbeerblättern wieder zugeben und alles einige Minuten weiterbraten.
3 cl Calvados angießen und wenige Sekunden erhitzen lassen. Mit einem Kaminstreichholz oder einem Stabfeuerzeug anzünden und die Hähnchenteile kurz flambieren. Mit der Hühnerbrühe und dem Cidre ablöschen und beides etwas einköcheln lassen. Die Crème fraîche einrühren und mitköcheln, bis eine leicht sämige Soße entstanden ist. Salzen und pfeffern.
Die Zitrone auspressen. Die Äpfel waschen, entkernen, in Spalten schneiden und mit dem Zitronensaft mischen, damit sie sich nicht verfärben. Die Petersilie abbrausen und trockentupfen. Die Blätter abzupfen und grob hacken.
Die Butter in einer Pfanne erhitzen und die Apfelspalten darin leicht anbraten. Mit dem restlichen Calvados mischen und unter die Soße rühren. Das Hähnchen mit Salz und Pfeffer abschmecken, mit der Petersilie bestreuen und servieren. Dazu passt Reis oder Baguettebrot.

Rinderrouladen

Für 6 Personen | klassisch

6 Rinderrouladen, je ca. 200 g
1–2 TL Salz
frisch gemahlener Pfeffer
3 EL Senf
3 Gewürzgurken
6 Scheiben Frühstücksbacon
1 Bund Suppengemüse
2 Zwiebeln
2 EL Mehl
4 EL Butterschmalz
2 EL Tomatenmark
250 ml Rotwein
5 schwarze Pfefferkörner
2 Pimentkörner
1 Lorbeerblatt
2 TL Speisestärke

Außerdem: Küchengarn

Die Rinderrouladen von beiden Seiten mit Salz und Pfeffer würzen und mit Senf einstreichen (Bild 1). Die Gurken in Scheiben schneiden. Bacon und Gurkenscheiben gleichmäßig auf den Rouladen verteilen, dabei an den Längsseiten einen Rand frei lassen (2). Die Längsseiten einschlagen, die Rouladen aufrollen (3) und mit Küchengarn fixieren (4).

Das Suppengemüse waschen, putzen und in walnussgroße Stücke schneiden. Die Zwiebeln schälen und grob würfeln.

Die Rouladen mit Mehl bestäuben und in 2 EL erhitztem Butterschmalz ▸

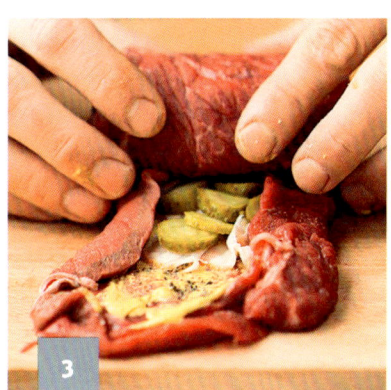

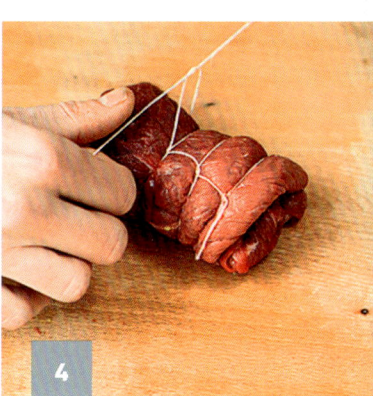

kräftig von allen Seiten scharf anbraten (5). Das Suppengemüse und die Zwiebeln in einer Pfanne mit dem restlichen erhitzten Butterschmalz 5 Minuten anrösten.

Den Backofen auf 180 Grad vorheizen.

Das Tomatenmark mit der Hälfte des Rotweins verrühren, zum Gemüse geben, unter Rühren einkochen und kräftig anrösten lassen (6). Mit dem restlichen Rotwein ablöschen. Erneut einkochen und anrösten lassen, bis der Bratensatz eine intensiv braune Farbe angenommen hat. Mit 750 ml Wasser aufgießen. Pfefferkörner, Pimentkörner, 1 Lorbeerblatt und

1 Teelöffel Salz unterrühren und die Rouladen damit übergießen (7). Im Backofen auf der ersten Einschubleiste von unten 1½–2 Stunden garen. Rouladen währenddessen zweimal wenden. Die Rouladen sind gar, wenn man mit einer Fleischgabel hineinstechen kann und sie wieder sanft von der Gabel gleiten. Die Rouladen aus der Soße nehmen und abgedeckt warmstellen. Durch ein Sieb passieren (8), aufkochen und die Soße mit der in 2 EL Wasser angerührten Speisestärke binden. Kräftig mit Salz und Pfeffer würzen. Dazu passen der Apfelrotkohl und die Semmelknödel von S. 136/137.

5   6   7   8

Die Knödelmasse auf ein angefeuchtetes, sauberes Baumwolltuch geben, Tuch aufrollen, Enden mit Küchengarn zubinden und als Serviettenknödel wie beschrieben im Wasser garen.

Semmelknödel im Voraus zubereiten, in Scheiben schneiden und kurz vor dem Anrichten in Butter anbraten.

Fürs Durchkneten des Rotkohls am besten Einweghandschuhe verwenden, sonst werden die Hände rot.

Semmelknödel

Für 6 Personen | klassisch

6 Brötchen vom Vortag
1 Zwiebel
1 EL Butter
250 ml Milch
1 Bund Petersilie
3 Eier
Salz
frisch gemahlener Pfeffer
frisch geriebene Muskatnuss

Die Brötchen würfeln und in eine Schüssel geben. Die Zwiebel schälen, klein würfeln und in der heißen Butter anschwitzen. Die Milch dazugeben, erwärmen und die Mischung über die Brötchenwürfel gießen. Gut vermengen und abgedeckt 10 Minuten ziehen lassen. Die Petersilie waschen, trockentupfen, Blätter abzupfen und fein hacken. Mit den Eiern zu den eingeweichten Brötchen geben, kräftig mit Salz, Pfeffer und Muskat würzen. Alles gut vermengen und mit angefeuchteten Händen zu Knödeln formen. In leicht siedendem, gesalzenem Wasser 20 Minuten garen. Herausheben und abtropfen lassen.

 TIPP Wer mag, kann 100 g Frühstücksbacon zusammen mit der Zwiebel anschwitzen und unter die eingeweichten Brötchenwürfel geben.

Apfelrotkohl

Für 6 Personen | klassisch

ca. 1 kg Rotkohl
2 TL Salz
4 EL Apfelmus
4 EL Rotweinessig
3 EL Honig
1 Zwiebel
3 EL Grieben- oder Schweineschmalz, ersatzweise Butterschmalz
2 Gewürznelken
1 Zimtstange
3 Wacholderbeeren
5 schwarze Pfefferkörner
frisch gemahlener Pfeffer

Außerdem: Teefilter

Den Rotkohl waschen, die äußeren Blätter entfernen, den Kopf vierteln und den Strunk herausschneiden. Den Kohl in feine Streifen hobeln. In einer Schüssel mit Salz, Apfelmus, Essig und Honig gründlich mischen und gut durchkneten. Abgedeckt 2 Stunden ziehen lassen.
Die Zwiebel schälen und klein würfeln. Das Schmalz in einem großen Topf erhitzen, Zwiebel darin anschwitzen. Den Saft, den der Rotkohl gezogen hat, abgießen und auffangen. Den Rotkohl in den Topf geben und mit den Zwiebeln mitschwitzen. Mit dem Rotkohlsaft und 200 ml Wasser auffüllen. Nelken, Zimtstange, Wacholderbeeren und Pfefferkörner in einen Teefilter füllen, einlegen und den Rotkohl bei geschlossenem Deckel köcheln lassen, bis er gar ist, aber noch leichten Biss hat, dabei öfter umrühren. Junger Rotkohl ist etwa nach 40 Minuten gar, gelagerter etwa nach 1 Stunde. Die Gewürze entfernen und den Rotkohl mit Salz und Pfeffer abschmecken.

 TIPP Am besten eine Nacht durchziehen lassen. Der Rotkohl lässt sich gut einfrieren. Über Nacht auftauen lassen und im Topf erhitzen.

Damwildragout mit Rosenkohl

Für 4 Personen | für Gäste

1 kg Damwildfleisch, z. B. aus der Schulter
750 g Rosenkohl
4 Möhren
4 Zwiebeln
800 g Kartoffeln
2 EL Öl
Salz
frisch gemahlener Pfeffer
250 ml trockener Weißwein
600 ml Rinderfond
1–2 EL Speisestärke

Die Damwildschulter waschen und trockentupfen. Von Haut und Sehnen befreien und in 3 x 3 cm große Würfel schneiden. Den Rosenkohl waschen, putzen und den Strunk kreuzweise einschneiden. Die Möhren schälen und in 1 cm dicke Scheiben schneiden. Die Zwiebeln schälen und in Spalten schneiden. Die Kartoffeln schälen und grob würfeln.

Den Backofen auf 180 Grad vorheizen. In einem großen Bräter das Öl erhitzen. Die Damwildwürfel von allen Seiten kräftig darin anbraten. Salzen und pfeffern und mit etwas Weißwein ablöschen. Einkochen lassen und das Fleisch nochmals anbraten. Mit dem restlichen Wein ablöschen. Die Kartoffeln, die Zwiebeln, die Möhren und den Rosenkohl darüberschichten und mit Salz und Pfeffer bestreuen. Den Rinderfond dazugießen und alles nochmals aufkochen lassen.

Im vorgeheizten Backofen im offenen Bräter etwa 50 Minuten garen.

In der Zwischenzeit die Stärke mit etwas Wasser anrühren. Wenn das Fleisch gar ist, die Flüssigkeit mit der Stärke unter Rühren binden.

Dazu passen z. B. Salzkartoffeln oder Kartoffelpüree.

Holunder-Apfel-Torte mit Ingwer

Für eine Springform | braucht etwas Zeit

(4 Schichtungen)	(3 Schichtungen)	

Böden:

50 g	70 g	Butter
5	7	Eier
150 g	215 g	Zucker
150 g	215 g	Mehl
1 EL	1 ½ EL	Stärke
50 g	70 g	geschälte, gemahlene Mandeln
1 Prise	1 Prise	Salz

Holunder-Apfel-Kompott:

300 ml	430 ml	Holunderbeersaft
3–4	5–6	säuerliche Äpfel, geputzt 300 g
20 g	30 g	Ingwer
200 g	290 g	Gelierzucker (3:1)

Frischkäsecreme:

500 ml	750 ml	Sahne
2 Päck.	3 Päck.	Sahnesteif
200 g	300 g	Frischkäse
40 g	60 g	Puderzucker

Außerdem:

30-45 ml Apfelbrand, nach Belieben

Für die Böden zwei 20er (24er) Springformen mit Backpapier auslegen. Den Backofen auf 170 Grad Umluft vorheizen.

Die Butter schmelzen. Die Eier verquirlen, den Zucker zurieseln lassen und 8 Minuten weißschaumig aufschlagen. Mehl, Stärke, Mandeln und Salz mischen und bei mittlerer Stufe vorsichtig unter den Teig heben. Zum Schluss die flüssige Butter unterrühren (Bild 1). Jeweils die Hälfte des Teiges in die 20er (24er) Springformen geben und glatt streichen. Im vorgeheizten Backofen 25–30 Minuten backen. Für die Garprobe ein Holzstäbchen in den Boden stechen. Wenn kein Teig daran haften bleibt, die Böden aus dem Ofen nehmen und abkühlen lassen. Danach mit einem Messer aus der Form lösen und das Backpapier entfernen.

Für das Holunder-Apfel-Kompott die Äpfel schälen (Bild 2) und raspeln. Den Ingwer schälen und fein reiben. Holundersaft, Äpfel, Ingwer und Gelierzucker in einen Topf geben, aufkochen und 4 Minuten unter Rühren kochen lassen (Bild 3). Das Holunder-Apfel-Kompott im kalten Wasserbad abkühlen lassen.

Für die Frischkäsecreme die Sahne mit dem Sahnesteif fest aufschlagen. In einer zweiten Schüssel den Frischkäse mit dem Puderzucker verrühren (Bild 4). Die Sahne unterheben.

Die gut ausgekühlten 20er (24er) Böden einmal waagerecht durchschneiden (Bild 5). Die Böden nach Belieben mit dem Apfelbrand beträufeln. Die Sahne in 4 gleichschwere Portionen teilen.

Nach und nach die Böden mit Kompott und Sahne einschichten. Dafür jeden Boden mit 3–4 EL Kompott bestreichen. Die Sahne in einen Spritzbeutel mit Lochtülle füllen und von außen nach innen in Kreisen aufspritzen (Bild 6). Zum Schluss den obersten Boden auflegen und mit Kompott bestreichen. Die restliche Frischkäsecreme am Rand entlang in kleinen Tupfen aufspritzen (Bild 7).

TIPP Wer keinen Ingwer mag, lässt ihn einfach weg oder würzt das Kompott mit Zimt und Sternanis.

Karamell-Schichtdessert

für 4 Personen | gut vorzubereiten

Krokant:
70 g Zucker
100 g gehackte Mandeln

Karamellsoße:
200 g Zucker
200 ml Sahne

Karamellcreme:
300 ml Sahne
1 Blatt Gelatine

Außerdem:
Butter

Für den Krokant Zucker und 1 EL Wasser karamellisieren lassen. Die gehackten Mandeln dazugeben, verrühren und auf ein mit Butter gefettetes Backpapier streichen. Abkühlen lassen. In einen Gefrierbeutel geben und mit dem Fleischklopfer grob zerbröseln.

Für die Karamellsoße Zucker und 4 EL Wasser karamellisieren und mit der Sahne ablöschen. Den Topf sofort mit einem Deckel verschließen. Nochmals aufkochen, bis sich der Karamell wieder aufgelöst hat. Auf unter 70 Grad abkühlen lassen.

Für die Karamellcreme die Gelatine in kaltem Wasser 5 Minuten einweichen. 150 ml warme Karamellsoße abmessen und die ausgedrückte Gelatine darin auflösen. Kalt stellen. Die Sahne schlagen und unter die kalte Soße heben, sobald sie zu stocken beginnt.

Die Karamellcreme, -soße und den Krokant abwechselnd in Gläser schichten. Mit dem Krokant abschließen.

 TIPP Dazu gedünstete Apfelstückchen servieren oder direkt mit einschichten.

Gewürzschnitten

Für 1 Blech, ergibt ca. 60 Stück | zum Verschenken

Teig:
200 g Zartbitterschokolade
150 g Haselnüsse
100 g getrocknete Aprikosen
3 TL gemahlener Zimt
1 TL gemahlene Nelken
1 Prise frisch geriebene Muskatnuss
100 g Speisestärke
200 g Mehl
200 g zimmerwarme Butter
250 g brauner Zucker
5 Eier

Guss:
100 g Zartbitterschokolade
50 g Vollmilchschokolade
50 ml Sahne

Außerdem:
Butter für das Blech

Den Backofen auf 180 Grad vorheizen. Ein Backblech mit Butter einfetten.

Für den Teig die Zartbitterschokolade, die Haselnüsse und die Aprikosen fein hacken. Zusammen mit dem Zimt, der Nelke, dem Muskat, der Speisestärke und dem Mehl in einer Schüssel mischen. Die zimmerwarme Butter cremig schlagen. Den Zucker dazurieseln lassen und mit der Butter zu einer weißschaumigen Masse verquirlen. Nach und nach die Eier unterschlagen. Die Mehlmischung esslöffelweise unter den Teig rühren. Diesen auf das gefettete Backblech geben und glatt streichen. Im vorgeheizten Backofen ca. 25–30 Minuten backen, danach abkühlen lassen.

Für den Guss die Zartbitter- und die Vollmilchschokolade grob hacken. Die Sahne erhitzen, aber nicht kochen. Über die Schokolade gießen und rühren, bis diese sich aufgelöst hat. Die Schokoladenglasur auf der Teigplatte gleichmäßig verstreichen und etwas fest werden lassen. Das Gebäck in ca. 3 x 5 cm große Rechtecke schneiden.

Besonders aromatisch sind die Gewürze, wenn Sie diese selbst in einer Gewürz- oder kleinen Kaffeemühle fein mahlen. In Blechdosen halten sich die Gewürzschnitten mehrere Wochen.

Orangenparfait mit Schokosplittern

Für 8 Personen | braucht etwas Zeit

150 g Zartbitterschokolade
3 unbehandelte Orangen
2 Eier
2 Eigelb
125 g Zucker
2 EL Orangenlikör
300 ml Sahne

Außerdem:
Zitronenmelisse für die Garnitur

Die Schokolade im Wasserbad schmelzen und dünn auf Backpapier streichen. 1 Stunde kalt stellen.

2 Orangen waschen, die Schale fein abreiben und den Saft auspressen. 200 ml Orangensaft abmessen.

Eine Kastenform mit Klarsichtfolie auslegen, an den Seiten überhängen lassen.

Einen Topf mit Wasser zum Kochen bringen. Eier, Eigelb und Zucker in einer hitzebeständigen Rührschüssel im heißen Wasserbad cremig aufschlagen, bis die Masse dicklich wird. Im kalten Wasserbad unter Rühren abkühlen lassen. Orangensaft, -schale und -likör unterheben. Die Sahne steif schlagen und unter die Creme heben.

Die Schokoladenplatte mit einem Messer in Rechtecke schneiden, die etwas kleiner als die Kastenform sind. Mit der Parfaitmasse abwechselnd in die Kastenform schichten. Mit der überhängenden Klarsichtfolie abdecken und mindestens 8 Stunden einfrieren.

Wenn das Parfait länger gefriert, vor dem Servieren 1 Stunde in den Kühlschrank stellen.

Die dritte Orange waschen, etwas Schale in feinen Streifen abschneiden und für die Garnitur zur Seite stellen. Die Frucht schälen und filetieren.

Das Parfait in Scheiben schneiden und mit Orangenfilets, -schale und Zitronenmelisse garnieren.

Blutorangen-Gin-Cocktail

Für 4 Gläser à 140 ml | für Gäste

Sirup:
150 g Rohrzucker
6 Zweige Thymian
20 g Ingwer
½ TL Zimt
150 ml Wasser

Cocktail:
60 ml Limettensaft (3 Limetten)
80 ml Thymian-Zimt-Ingwer-Sirup
320 ml frischer Blutorangensaft
(5 – 6 Blutorangen)
80 ml Gin

Deko:
4 Scheiben Blutorange
4 kleine Zweige Thymian

Für den Sirup den Thymian waschen und trockentupfen. Den Ingwer schälen und grob in Stücke schneiden. Zucker zusammen mit Thymian, Ingwer und Zimt in einen Topf geben und leicht karamellisieren. Mit warmem Wasser ablöschen und aufkochen, bis sich das Karamell aufgelöst hat. Danach zugedeckt 1 Stunde abkühlen lassen. Schließlich durch ein feines Sieb gießen, den Sirup auffangen und in eine saubere, verschließbare Flasche füllen.

Für den Cocktail die Zitrusfrüchte heiß abwaschen, abtrocknen und den Saft auspressen. Einige Eiswürfel in jedes Glas geben. Danach den Sirup, den Gin sowie Limetten- und Blutorangensaft zugeben. Den Cocktail vorsichtig umrühren und die Blutorangenscheibe und den Thymianzweig drapieren.

Spekulatius-Creme

Für ca. 2 Gläser à 220 ml | raffiniert

200 g Gewürz-Spekulatius
125 g Kondensmilch
65 g brauner Zucker
50 g Butter
1 Pck. Vanillezucker
1 TL Zimt
1 Prise gemahlene Nelken

Die Spekulatius sehr fein mahlen. Die Butter schmelzen und mit Kondensmilch, Zucker und Vanillezucker zu einer glatten Masse verrühren, bis sich der Zucker aufgelöst hat. Den Zimt und 1 Prise gemahlene Nelke mit dem Spekulatiuspulver vermengen. Die Kondensmilchmasse zum Spekulatiuspulver geben und mit einem Schneebesen zu einer glatten Creme rühren. Die Creme abkühlen lassen und in verschließbare Gläser füllen. Im Kühlschrank hält sie sich mindestens sechs Wochen.

Rezeptverzeichnis

Impressum

Herausgeber: Einfach Hausgemacht-Redaktion
Hülsebrockstraße 2-8, 48165 Münster
Tel.: 02501/801-8795
Fax: 02501/801-58623
Internet: www.einfachhausgemacht.de
E-Mail: redaktion@einfachhausgemacht.de

Chefredaktion: Wolfgang Koschny

Redaktion: Meike Heinatz und Monika Römer, Mitarbeit
an diesem Buch: Jördis Boemke

Rezepte: Susann Kreihe, Manuela Rüther, Nina Terliesner
und Kathrin kleine Hackmann für Einfach Hausgemacht

Fotos: Manuela Rüther, Oliver Brachat, Ulli Hartmann,
Winfried Heinze, Vanessa Jansen, Peter Rees und Rogge
& Jankovic Fotografen für Einfach Hausgemacht

Titelfoto: Manuela Rüther (Rezept siehe S. 128)

Layout: Monika Wagenhäuser, LV MediaPro
im Landwirtschaftsverlag GmbH, Münster

Verlag: Deutsche Medien-Manufaktur GmbH & Co. KG,
48084 Münster, Tel.: 0 25 01/801-0, www.vg-dmm.de
E-Mail: service@einfachhausgemacht.de

Druck: Grafischen Centrum Cuno, Calbe

Überarbeitete 2. Auflage 2021

© Deutsche Medien-Manufaktur GmbH & Co. KG,
Münster-Hiltrup, 2021

ISBN 978-3-7843-5695-2